미국법 시리즈

# Constitutional Law

# 미국 헌법

강병진 저

법률신문사

# | PREFACE |

이 책은 미국 헌법(Constitutional Law)에 대한 전반적인 해설서로서 미국 헌법을 이해하기 쉬운 방식으로 설명하는 데 목적을 두고 있습니다. 그 동안 미국 헌법을 강의하면서 정리해 두었던 강의안을 정리하여 출판하게 되었습니다.

이 책에서 다루는 미국 헌법은 크게 헌법 소개(Introduction), 사법부의 권한(The Judicial Power), 입법부의 권한(The Legislative Power), 행정부의 권한(The Executive Power), 연방제(The Federal System), 개인의 권리 소개(Introduction to Individual Rights), 적법절차(Due Process), 기본권(Fundamental Rights), 평등 보호(Equal Protection), 표현과 결사의 자유(Freedom of Speech and Association), 종교의 자유(Freedom of Religion)에 대한 내용으로 이루어져 있습니다. 위의 사항들에 대한 주요 내용을 상세히 다루고, 헌법에 대한 전반적인 내용을 학습할 수 있도록 구성하였습니다.

이 책은 미국 헌법의 기본 내용을 체계적으로 학습하고자 하는 분들을 위한 책입니다. 특히, 미국 변호사 자격을 취득하고자 하는 분들은 이 책을 통해 시험에 필요한 이론들을 체계적으로 학습할 수 있는 교재로 활용할 수 있을 겁니다. 미국 로스쿨 입학을 앞두고 있는 분들은 기본적인 지식을 얻는 준비서로서 헌법에 대한 용어에 익숙해질 수 있는 기회가 될 것이고, 미국법을 학습하고자 하는 분들은 미국 헌법에 대한 전반적인 이론을 접하는 학습서로서 활용할 수 있을 겁니다.

이 책 내용의 서술은 영어 원문과 한국어 설명을 덧붙이는 방식으로 하였습니다. 영어 원문을 통해서 관련 법리를 이해하고 익히기를 바랍니다. 한국어 설명은 영어 원문의 이해를 돕는 데 활용할 수 있을 겁니다. 이 책을 통해 미국의 헌법을 학습하는 방법은 본문에 나오는 각 법리들에 대한 영어 원문의 의미를 우선 이해하고 내용에 익숙해지게 끔 학습하는 것이 중요합니다. 중요 영어 원문은 박스안에 기재를 해서 식별이 잘 되게끔 하였습니다. 영어 원문의 법 이론에 대한 이해는 한국어 설명을 보면 이해에 도움이 될 것입니다. 영어 원문과 한국어 설명에는 미국 연방대법원의 판례 등 사례들이 있으니 잘 읽어 보기를 권합니다.

법률 용어에 대한 한국어 번역이나 설명을 할 때 최대한 미국법 용어와 유사한 용어를 선택하려고 노력했습니다. 그러나 한국어 용어가 적절하지 않거나 부자연스러운 부분이 있을 수도 있을 것이라 생각이 됩니다. 이런 부분은 확인이 되면 고치고 보완하도록 하겠습니다.

미국법을 공부하거나 미국변호사 시험을 준비하는 이들에게 이 책이 좋은 길잡이가 되길 바라며, 이미 미국법에 대한 이해가 있는 분들에게는 좀더 깊은 지식을 제공하고 이해의 폭을 넓히는 데 도움이 되기를 희망해 봅니다. 나아가 여러분의 미국법 학습 여정에 있어 이 책과 앞으로 집필해서 출간하는 미국법 책들이 신뢰할 수 있는 좋은 동반자가 되기를 바랍니다.

이 책을 출간하는 데 도움을 주신 법률신문 출판팀과 교육팀 여러분에게 깊은 감사를 드립니다.

# | CONTENTS |

CONSTITUTIONAL LAW

# 미국 헌법

# Constitutional Law

# I | 서설(INTRODUCTION)

## A 개요(Overview)

The United States Constitution is the foundational legal document that outlines the powers and limitations of the federal government, defines the relationship between federal and state governments, and guarantees many individual rights. It is the supreme law of the land and provides the framework for the organization and function of the government. The United States Constitution was ratified on June 21, 1788.

미국 헌법은 연방 정부의 권한과 한계를 규정하고, 연방 정부와 주 정부 간의 관계를 정의하며, 개인의 권리를 보장하는 기본 법률 문서다. 이는 국가의 최고 법률로서 정부의 조직과 기능에 대한 틀을 제공한다. 미국 헌법은 1788년 6월 21일에 비준되었다.

## B 헌법의 구조(Structure of the Constitution)

The United States Constitution consists of a Preamble, 7 Articles, and 27 Amendments.

1) Preamble

It states the purpose of the Constitution, such as establishing justice, ensuring domestic tranquility, and securing the blessings of liberty.

2) Articles

a) Article I: Establishes the Legislative Branch (Congress), consisting of the Senate and the House of Representatives. It outlines the powers of Congress, including making laws, regulating commerce, and declaring war.

b) Article II: Establishes the Executive Branch, headed by the President. It details the powers and duties of the President, including enforcing laws, conducting foreign policy, and commanding the armed forces.

c) Article III: Establishes the Judicial Branch, headed by the Supreme Court. It defines the jurisdiction and powers of the federal courts.

d) Article IV: Addresses the relationships between states and between the states and the federal government, including the Full Faith and Credit Clause and the Privileges and Immunities Clause.

e) Article V: Describes the process for amending the Constitution.

f) Article VI: Establishes the Constitution, federal laws, and treaties as the supreme law of the land (Supremacy Clause).

g) Article VII: Outlines the process for the ratification of the Constitution.

3) The Bill of Rights and Subsequent Amendments

The first ten amendments, collectively known as the Bill of Rights, were ratified in 1791 to ensure the protection of individual liberties. Subsequent amendments have addressed various issues, reflecting changes in societal values and government structure.

미국 헌법은 서문, 7개의 본문 조항과 27개의 수정헌법 조항으로 구성되어 있다.

1) 서문

서문은 정의 확립, 국내 평화 보장, 자유의 축복 확보 등 헌법의 목적을 명시하고 있다.

2) 본문 조항

a) 제1조: 입법부의 설립과 상원과 하원에 대한 사항, 법률의 제정, 상거래 규제, 전쟁 선언 등을 포함한 의회의 권한

b) 제2조: 행정부의 설립과 대통령에 관한 사항, 법 집행, 외교 정책 수행, 군대 지휘 등을 포함하는 대통령의 권한과 의무

c) 제3조: 사법부의 설립과 연방대법원에 대한 사항, 연방 법원의 관할권과 권한

d) 제4조: 주 간 및 주와 연방 정부 간의 관계, 상호신뢰원칙 조항과 특권 및 면책 사항

e) 제5조: 헌법 수정 절차

f) 제6조: 헌법, 연방법, 조약을 국가의 최고 법률로 설정하는 연방법 우위의 원칙

g) 제7조: 헌법 비준 절차에 대한 사항

### 3) 권리장전 및 이후 수정헌법 조항

첫 10개의 수정헌법 조항은 1791년에 비준된 권리장전으로, 개인의 자유 보호를 보장한다. 이후의 수정헌법 조항들은 다양한 문제를 다루며, 사회적 가치와 정부 구조의 변화를 반영하고 있다.

## C 헌법의 주요원칙(Primary Principles of the Constitution)

The United States Constitution is founded on several key principles that form the framework for the governance of the country. These principles ensure a balanced government that protects individual liberties while maintaining order and justice. Here are the primary principles of the Constitution:

1) Popular Sovereignty

Popular sovereignty is the principle that the government's power is derived from the people. The preamble of the Constitution begins with "We the People," emphasizing that authority is rooted in the consent of the governed. This principle ensures that the government is accountable to its citizens.

2) Limited Government

The principle of limited government means that governmental power is restricted by the Constitution. The government can only exercise powers granted to it by the Constitution, ensuring that individual liberties are protected from government overreach. This is evident in the Bill of Rights, which enumerates specific prohibitions on governmental power.

3) Separation of Powers

The Constitution divides governmental power among three branches: legislative, executive, and judicial. Each branch has its own functions and responsibilities.

4) Checks and Balances

To prevent any one branch from gaining too much power, the Constitution establishes a system of checks and balances. Each branch has some authority to limit the powers of the other branches. For example, the President can veto legislation, Congress can override a veto, and the Supreme Court can declare laws unconstitutional.

5) Federalism

Federalism is the division of power between the national (federal) government and the state governments. The Constitution outlines specific powers for the federal government, reserves other powers to the states, and shares some powers between the two. This principle allows for a balance of power and accommodates local governance.

6) Judicial Review

Judicial review is the power of the courts to examine the constitutionality of legislative and executive actions. Established by the landmark case Marbury v. Madison (1803),[1)] this principle ensures that the judiciary can check the other branches by declaring laws or actions unconstitutional.

7) Individual Rights

The Constitution, particularly through the Bill of Rights and subsequent amendments, protects individual liberties and rights from government interference. These rights include freedom of speech, religion, and the press, as well as protections against unreasonable searches and seizures, and the right to a fair trial.

8) Rule of Law

The rule of law is the principle that all individuals and government entities are subject to the law. This ensures that laws are applied equally and fairly, maintaining order and justice.

---

1) Marbury v. Madison, 5 U.S. (1 Cranch) 137 (1803)

미국 헌법은 국가의 통치 체계를 형성하는 여러 주요 원칙들에 기초하고 있다. 이러한 원칙들은 개인의 자유를 보호하면서 질서와 정의를 유지하는 균형 잡힌 정부를 보장한다. 다음은 미국 헌법의 주요 원칙들이다.

1) 국민주권(Popular Sovereignty)

국민 주권은 정부의 권력이 국민으로부터 나온다는 원칙이다. 헌법의 서문은 "우리 국민(We the People)"으로 시작하여 권위가 국민의 동의에 뿌리를 두고 있음을 강조한다. 이 원칙은 정부가 국민에게 책임을 지도록 하고 있다.

2) 제한된 정부(Limited Government)

제한된 정부 원칙은 정부의 권력이 헌법에 의해 제한된다는 것을 의미한다. 정부는 헌법이 부여한 권한만 행사할 수 있으며, 이는 정부의 과도한 권력의 행사로부터 개인의 자유를 보호하는 것이다. 이러한 제한된 정부의 원칙은 정부 권력에 대한 특정한 금지를 명시하고 있는 권리장전에 잘 나타나 있다.

3) 권력 분립(Separation of Powers)

헌법은 정부 권력을 입법권, 행정권, 사법권으로 분할하고 있으며, 각각 고유한 기능과 책임을 가진다.

4) 견제와 균형(Checks and Balances)

어느 한 권력기관이 너무 많은 권력을 갖지 못하도록 헌법은 견제와 균형의 시스템을 구축하고 있다. 각 권력기관은 다른 권력기관의 권한을 제한할 수 있는 권한을 가진다. 예를 들어, 대통령은 입법을 거부할 수 있고, 의회는 거부권을 무효화할 수 있으며, 연방대법원은 법률을 위헌으로 선언할 수 있다.

5) 연방주의(Federalism)

연방주의는 연방 정부와 주 정부 간의 권력 분할을 의미한다. 헌법은 연방 정부에 특정 권한을 부여하고, 다른 권한은 주에게 남기며, 일부 권한은 두 정부가 공유한다. 이 원칙은 권력의 균형을 유지하고 지역 통치를 가능하게 한다.

6) 사법심사(Judicial Review)

사법심사는 법원이 입법 및 행정 행위의 헌법적 타당성을 검토할 수 있는 권한이다. 이는 Marbury v. Madison (1803) 사건에서 확립되었으며, 사법부가 법률이나 국가기관의 행위를 위헌으로 선언하여 다른 권력기관을 견제할 수 있도록 한다.

7) 개인의 권리(Individual Rights)

헌법, 특히 권리장전과 이후의 수정헌법 조항들은 정부의 간섭으로부터 개인의 자유와 권리를 보호한다. 이러한 권리에는 표현, 종교, 출판의 자유, 불합리한 수색과 압수로부터의 보호, 공정한 재판을 받을 권리 등이 포함된다.

8) 법치주의(Rule of Law)

법치주의는 모든 개인과 정부 기관이 법의 지배를 받는다는 원칙이다. 이는 법이 공평하고 공정하게 적용되도록 하며, 질서와 정의를 보장한다.

# Ⅱ | 사법부의 권한(THE JUDICIAL POWER)

## A 헌법적 승인 및 기초(Constitutional Authorization and Basis)

The U.S. Constitution is the foundational document that authorizes the federal government to act. Consequently, any action by a federal government entity must be explicitly authorized by the Constitution to be valid. This ensures that all federal actions are within the scope of constitutionally granted powers.

Article III of the Constitution establishes the federal court system. It grants judicial power to the federal courts and sets the boundaries for this power.

Article III, Section 1 states that the judicial power of the United States shall be vested in one Supreme Court and in such inferior courts as Congress may ordain and establish. This provides the basis for the creation of the federal judiciary.

Article III, Section 2 specifies that the judicial power shall extend to all cases or controversies arising under the Constitution, federal laws, and treaties.

미국 헌법은 연방 정부가 행위를 할 수 있도록 승인하는 기본 문서다. 따라서 연방 정부 기관의 모든 행위가 유효하기 위해서는 헌법에 의하여 명시적으로 승인이 되어야 한다. 이는 모든 연방 정부의 행위가 헌법적으로 부여된 권한의 범위 내에 있어야 한다는 것을 의미한다.

헌법 제3조는 연방 법원 시스템을 정하고 있다. 이는 연방 법원에 사법권을 부여하고 사법권의 경계를 설정하고 있다.

제3조 제1항은 미국의 사법권은 하나의 최고법원과 의회가 수시로 명하고 설립할 수 있는 하위 법원들에 부여된다고 명시한다. 이는 연방 사법부의 설립 근거를 제공한다.

제3조 제2항은 사법권은 헌법, 연방법 및 조약에 따라 발생하는 모든 사건 또는 분쟁에 적용된다고 명시하고 있다.

## B 사법부 권한의 범위(Scope of Judicial Power)

Article III, Section 1 of the Constitution provides that "[t]he judicial power of the United States shall be vested in one Supreme Court and in such inferior courts as the Congress may from time to time ordain and establish."

Article III requires the establishment of the Supreme Court and permits Congress to establish other federal courts and limit their jurisdiction. Courts established under Article III have greater independence from political pressures compared to specialized courts created under Article I.

Article III, Section 2 defines the jurisdiction of federal courts, restricting it to specific types of cases or controversies:

i) Cases arising under the Constitution, laws, and treaties of the United States;

ii) Cases affecting ambassadors, public ministers, and consuls of foreign countries;

iii) Admiralty and maritime jurisdiction cases;

iv) Cases where the United States is a party;

v) Controversies between two or more states, between a state and citizens of another state, and between citizens of different states;

vi) Cases involving citizens of the same state claiming lands under grants from different states; and

vii) Cases between a state or its citizens and foreign states, citizens, or subjects.

헌법 제3조 제1항은 "미국의 사법권은 하나의 연방대법원과 의회가 수시로 설립하는 하급 법원들에 부여된다."고 규정하고 있다.

제3조는 연방대법원의 설립을 요구하고 있으며, 의회가 다른 연방법원을 설립하고 그 관할권을 제한할 수 있도록 허용하고 있다. 제3조에 따라 설립된 법원은 제1조에 따라 설립된 전문적인 법원에 비해 정치적 압력으로부터 더 큰 독립성을 가진다.

헌법 제3조 제2항은 연방법원의 관할권을 규정하면서, 관할권을 특정 유형의 사건 또는 분쟁으로 제한한다.

i) 헌법, 법률, 조약에 따른 사건

ii) 외국의 대사, 공사, 영사에게 영향을 미치는 사건

iii) 해사 및 해양 관할권 사건

iv) 미국이 당사자인 사건

v) 두 개 이상의 주 간, 한 주와 다른 주의 시민 간, 다른 주의 시민 간의 쟁점

vi) 다른 주로부터 수여받은 토지와 관련한 같은 주의 시민이 청구하는 사건

vii) 한 주 또는 그 시민과 다른 주, 시민, 또는 대상 간의 사건

## C 수정헌법 제11조의 제한(Eleventh Amendment Limits)

The Eleventh Amendment prohibits citizens of one state from suing another state in federal court. It provides states with immunity from suits in federal court for money damages or equitable relief when the state is the defendant. This includes suits against state officials for violating state law.[2)] The Supreme Court has extended this immunity to include suits by citizens against their own state.[3)]

1) Exceptions

a) Consent: States can waive their Eleventh Amendment immunity.

b) Injunctive Relief: Federal courts can enjoin state officials from enforcing state laws that violate federal law or may be compelled to act in accord with federal law despite state law to the contrary.

c) Damages to be Paid by an Individual: Suits against state officers acting outside the law are allowed if the officer personally pays the damages rather than the state treasury.

d) Prospective Damages: Federal courts can order state officers to comply with federal law without imposing retroactive damages on the state treasury.

e) Congressional Authorization: Congress can abrogate state immunity when enforcing Fourteenth Amendment rights (e.g., equal protection). This does not apply to Congress's Article I powers.

2) Pennhurst State School & Hospital v. Halderman, 465 U.S.89 (1984)

3) Hans v. Louisiana, 134 U.S. 1 (1890).

2) Not Barred by the Eleventh Amendment

a) Actions against Local Governments: The Eleventh Amendment applies only to states and state agencies, not local governments.

b) Actions by the United States or Other States: The Eleventh Amendment does not apply when the plaintiff is the United States or another state.

c) Bankruptcy Proceedings: The Eleventh Amendment does not bar Bankruptcy Court actions impacting state finances.

수정헌법 제11조는 한 주의 시민이 다른 주를 연방 법원에서 소송하는 것을 금지한다. 이는 주가 피고인 경우 금전적 손해배상이나 형평법적 구제를 위한 소송에 대해 주에게 면책을 제공하는 것이다. 여기에는 주법을 위반한 주 공무원에 대한 소송도 포함된다. 연방대법원은 이 면책을 자신의 주에 대한 시민의 소송에도 확장했다.

1) 예외(Exceptions)

a) 동의(Consent): 주는 수정헌법 제11조에 따른 면책을 포기할 수 있다.

b) 금지 구제(Injunctive Relief): 연방 법원이 연방법을 위반하는 주법을 집행하는 주 공무원의 행위를 금지하거나, 주법이 연방법에 반하는 경우에도 주 공무원이 연방법을 따르도록 명령할 수 있다.

c) 개인에 의해 지불되는 손해배상(Damages to be Paid by an Individual): 법을 위반한 주 공무원에 대한 소송은 주 정부의 재정이 아니라 공무원이 개인적으로 손해배상을 지불하는 경우 허용된다.

d) 장래 손해배상(Prospective Damages): 연방 법원은 주 재정에 의한 소급적 손해배상을 부과하지 않고 주 공무원이 연방법을 준수하도록 명령할 수 있다.

e) 의회의 승인(Congressional Authorization): 의회는 수정헌법 제14조

의 권리를 집행할 때 주 면책을 폐지할 수 있다(예: 평등권). 이는 의회의 제1조 권한에는 적용되지 않는다.

2) 수정헌법 제11조에 의해 금지되지 않는 사항
(Not Barred by the Eleventh Amendment)

a) 지방 정부에 대한 소송(Actions against Local Governments): 수정헌법 제11조는 주와 주 기관에만 적용되며 지방 정부에는 적용되지 않는다.

b) 미국 또는 다른 주에 의한 소송(Actions by the United States or Other States): 수정헌법 제11조는 원고가 미국이나 다른 주인 경우 적용되지 않는다.

c) 파산 절차(Bankruptcy Proceedings): 수정헌법 제11조는 주 재정에 영향을 미치는 파산 법원의 소송을 금지하지 않는다.

## D 원심 관할권(Original Jurisdiction)

### 1. 연방대법원의 관할권(Jurisdiction of the Supreme Court)

Article III, Section 2 provides the Supreme Court with "original jurisdiction" over certain types of cases. Original jurisdiction means that these cases can be filed directly in the Supreme Court without being heard first in lower courts. The Supreme Court has original jurisdiction in cases involving (1) ambassadors, other public ministers, and consuls and (2) cases where a state is a party.

Congress cannot expand or limit the Supreme Court's original jurisdiction, as established in Marbury v. Madison (1803). Congress can, however, grant concurrent original jurisdiction to lower federal courts for most cases, except those between states.[4)]

4) 28 U.S.C. § 1251

제3조 제2항은 연방대법원에 특정 유형의 사건에 대한 "원심 관할권"을 부여하고 있다. 원심 관할권은 이들 사건이 하급 법원에서 먼저 심리되지 않고 직접 연방대법원에 제기될 수 있음을 의미한다. 연방대법원은 (1) 대사, 기타 공사, 영사를 포함하는 사건과 (2) 주가 당사자인 사건에 대해 원심 관할권을 가진다.

의회는 연방대법원의 원심 관할권을 확대하거나 제한할 수 없으며, 이는 Marbury v. Madison (1803) 사건에서 확립되었다. 그러나 의회는 대부분의 사건에 대해 하급 연방 법원에 동시 원심 관할권을 부여할 수 있는데, 주 간의 사건은 제외된다.

## 2. 상소 관할권(Appellate Jurisdiction)

Article III, Section 2 also grants the Supreme Court appellate jurisdiction in all other cases not covered by original jurisdiction. Appellate jurisdiction allows the Supreme Court to review and, if necessary, reverse decisions made by lower courts.

1) Means of Establishing Appellate Jurisdiction

There are two primary ways through which the Supreme Court can exercise its appellate jurisdiction: certiorari and direct appeal.

a) Writ of Certiorari

A writ of certiorari is a discretionary tool that the Supreme Court uses to decide which cases to hear. Almost all cases come to the Supreme Court by petition for a writ of certiorari. The Court will take jurisdiction if at least four Justices vote to accept the case, known as the "rule of four."

b) Direct Appeal

Direct appeal is mandatory for the Supreme Court to hear. The Supreme Court must hear by direct appeal a small number of cases, primarily those involving decisions on injunctive relief issued by special three-judge district court panels.[5] These cases are now limited to a few specific statutes, such as the Voting Rights Act.

2) Limitations on Appellate Jurisdiction

Congress has some authority to limit the Supreme Court's appellate jurisdiction. However, constraints exist to prevent undermining the system of checks and balances. For example, Congress and the President cannot entirely remove the Supreme Court's authority to interpret the law.[6]

Most federal cases begin in district courts and, if appealed, proceed to the courts of appeals. The jurisdiction of federal courts, within the Article III framework, is set by statute. For instance, the amount in controversy for federal jurisdiction over a case between citizens of different states must exceed $75,000.[7]

3) Adequate and Independent State Grounds

A final state-court judgment that rests on adequate and independent state grounds cannot be reviewed by the U.S. Supreme Court.

The state-law grounds must fully resolve the matter, meaning it is adequate. The state-law grounds must not incorporate a federal standard by reference, meaning it is independent. When it is unclear whether the state court's decision is based on state or federal law, the Supreme Court may hear the case, decide the federal issue, and remand it to the state court to resolve any remaining state law questions.[8]

---

5) 28 U.S.C. § 1253

6) Boumediene v. Bush, 553 U.S. 723 (2008)

7) 28 U.S.C. § 1332

8) *Michigan v. Long*, 463 U.S. 1032 (1983)

제3조 제2항은 또한 연방대법원에 원심 관할권에 포함되지 않는 모든 다른 사건에 대한 상소 관할권을 부여한다. 상소 관할권은 연방대법원이 하급 법원의 결정을 심사하고 필요한 경우 이를 뒤집을 수 있음을 의미한다.

#### 1) 상소 관할권 행사(Means of Establishing Appellate Jurisdiction)

연방대법원이 상소 관할권을 행사하는 주요 방법은 다음 두 가지다.

a) 사건이송명령(Writ of Certiorari)

사건이송명령은 연방대법원이 어떤 사건을 심리할지 결정하는 재량적 방법이다. 거의 모든 사건은 사건이송명령의 신청에 의해 연방대법원이 심리를 하게 된다. 최소한 4명의 대법관이 사건을 수락하기로 투표하면 연방대법원이 관할권을 행사할 수 있는데, 이를 "4인의 규칙(rule of four)"이라고 한다.

b) 직접 항소 (Direct Appeal)

직접 항소는 연방대법원이 심리하도록 요구되는 경우로 소수의 사건이 이러한 직접 항소에 의하여 연방대법원이 심리한다. 직접 항소에 해당하는 사건은 특별 3인 판사의 연방지방법원이 결정한 금지명령 구제 결정이다. 이러한 사건은 현재 주로 투표권법과 같은 특정 법률에 따른 사건에 한정되고 있다.

#### 2) 상소 관할권의 제한(Limitations on Appellate Jurisdiction)

의회는 연방대법원의 상소 관할권을 일부 제한할 수 있는 권한을 가진다. 그러나 견제와 균형 시스템을 저해하지 않아야 하는 제약이 있다. 예를 들어, 의회와 대통령은 연방대법원의 법 해석 권한을 완전히 제거할 수 없다.

대부분의 연방 사건은 연방지방법원에서 시작되고 항소의 경우에는 항소법원에서 진행된다. 연방 법원의 관할권은 제3조 체계 내에서 법률에 의해 설정된다. 예를 들어, 다른 주의 시민 간의 사건에 대한 연방 관할권의 경우 청구금액이 $75,000을 초과해야 한다.

### 3) 적절하고 독립적인 주법 근거(Adequate and Independent State Grounds)

적절하고 독립적인 주법 근거에 기초한 최종 주 법원의 판결 즉 주 대법원의 판결은 연방대법원에 의해 심리될 수 없다.

주법 근거는 해당 사건을 완전히 해결해야 하며(적절함), 연방 기준을 참조하지 않아야 한다(독립성). 주 법원의 결정이 주법 또는 연방법을 근거로 하고 있는지 불분명할 때, 연방대법원은 사건을 심리하고 연방법 사안을 결정한 후 남아 있는 주법 사안을 해결하도록 주법원에 이송할 수 있다.

## E 사법심사(Judicial Review)

### 1. 소개(Introduction)

Judicial Review is the power of the courts to examine and invalidate actions of the legislative and executive branches if they are found to be unconstitutional. This principle ensures that all government actions comply with the Constitution, safeguarding the rule of law and protecting individual rights. The judiciary can only exercise judicial review in the context of an actual case or controversy. Courts do not issue advisory opinions or rule on hypothetical questions.

1) Constitutional Basis

The Constitution does not explicitly mention judicial review. The Supreme Court established this doctrine in the case of Marbury v. Madison (1803).

2) Principles of Judicial Review

a) Supremacy of the Constitution: The Constitution is the supreme law of the land. All laws and actions of government must conform to the Constitution.

b) Role of the Judiciary: It is the duty of the judiciary to interpret the Constitution and ensure that other branches of government do not exceed their constitutional authority.

c) Binding Decision: Decisions of the Supreme Court regarding the constitutionality of laws and actions are binding on all branches of government and lower courts.

3) Scope of Judicial Review

a) Review of Federal Actions: The judiciary can review federal statutes to determine their constitutionality. Executive orders, administrative regulations, and actions taken by executive agencies are subject to judicial review.

b) Review of State Actions: Article VI, Clause 2 of the Constitution (Supremacy Clause) establishes that federal law takes precedence over state laws. Under this clause, the judiciary can invalidate state laws and actions that conflict with the Constitution, federal laws, or treaties.

사법심사는 입법부 및 행정부의 행위가 헌법에 위배되는지 심리하고 무효화할 수 있는 법원의 권한이다. 이 원칙은 모든 정부의 행위가 헌법을 준수하도록 보장하여 법치주의를 보호하고 개인의 권리를 보호한다. 사법부는 실제 사건이나 분쟁의 맥락에서만 사법심사를 행사할 수 있으며, 권고적 의견을 제시하거나 가상의 질문에 대해 판결하지 않는다.

1) 헌법적 근거(Constitutional Basis)

헌법은 사법심사를 명시적으로 규정하고 있지는 않다. 연방대법원은 Marbury v. Madison (1803) 사건에서 이 원칙을 확립했다.

### 2) 사법심사의 원칙(Principles of Judicial Review)

a) 헌법의 우위(Supremacy of the Constitution): 헌법은 국가의 최고 법률이다. 모든 법률과 정부의 행위는 헌법을 준수해야 한다.

b) 사법부의 역할(Role of the Judiciary): 사법부는 헌법을 해석하고 다른 정부 부서가 헌법적 권한을 초과하지 않도록 보장하는 의무를 가진다.

c) 구속력 있는 결정(Binding Decision): 법률과 정부 행위의 헌법적 타당성에 대한 연방대법원의 결정은 모든 정부 부서와 하급 법원에 구속력이 있다.

### 3) 사법심사의 범위(Scope of Judicial Review)

a) 연방정부 행위의 심사(Review of Federal Actions): 사법부는 연방법의 헌법적 타당성을 검토할 수 있다. 행정 명령, 행정 규정 및 행정부 기관이 취한 행위도 사법심사의 대상이 된다.

b) 주 행위의 심사(Review of State Actions): 헌법 제6조 제2항(우위 조항)은 연방법이 주법에 우선한다고 규정한다. 이 조항에 따라 사법부는 헌법, 연방법, 또는 조약에 반하는 주법과 행위를 무효화할 수 있다.

## 2. 당사자적격(Standing)

### 1) 개요

> To bring a case in federal court to raise the constitutional issue, a plaintiff must demonstrate standing by showing a concrete interest in the outcome of the litigation.
>
> To establish standing, a plaintiff must satisfy three essential elements: injury in fact, causation, and redressability.

a) Injury in Fact

The injury must be concrete and particularized. This means the plaintiff must have personally suffered an injury or face an imminent threat of injury due to a government action. The plaintiff seeking injunctive or declaratory relief must show a likelihood of future harm. The injury need not be physical or economic; it can also be non-economic, such as harm to aesthetic or recreational interests.

An African American man sued the Los Angeles Police Department (LAPD) to stop the use of chokeholds after they caused 16 deaths, most of whom were African Americans. The U.S. Supreme Court ruled that Lyons lacked standing to seek an injunction because he could not demonstrate a real and immediate threat of future harm. The Court held that Lyons could not show that he was likely to be subjected to a chokehold again in the future.[9)]

b) Causation

There must be a causal link between the defendant's action and the plaintiff's injury. The injury must be traceable to the challenged action. The plaintiff must allege and prove that the defendant's conduct caused the injury.

c) Redressability

The court must be able to provide a remedy that will address the injury. If the court's decision cannot likely redress the injury, the case becomes an advisory opinion, which federal courts are prohibited from issuing.

9) City of Los Angeles v. Lyons, 461 U.S. 95 (1983)

연방 법원에 헌법 문제를 제기하기 위해서는 원고가 소송 결과에 대한 구체적인 이해관계가 있다는 것을 보여주어야 한다.

당사자적격을 확립하려면, 원고는 다음 세 가지 요소 즉 사실상 손해, 인과관계와 구제가능성을 충족해야 한다.

a) 사실상 손해(Injury in Fact)

손해는 구체적이고 특정되어야 한다. 즉, 원고는 정부의 행위로 인해 개인적으로 손해를 입었거나 임박한 손해의 위협에 직면해야 한다. 금지 명령이나 선언적 구제를 구하는 원고는 미래의 손해 가능성을 보여주어야 한다. 손해는 물리적 또는 경제적일 필요는 없으며, 미학적 또는 레크리에이션적 이익에 대한 피해도 포함될 수 있다.

한 아프리카계 미국인 남성이 로스앤젤레스 경찰국(LAPD)을 상대로 소송을 제기하여 초크홀드(목 조르기) 사용을 중지시키려고 했다. 이 초크홀드는 16명의 사망자를 초래했으며, 그 중 대부분이 아프리카계 미국인이었다. 연방대법원은 원고가 미래에 다시 초크홀드를 당할 가능성이 있다고 증명할 수 없다고 보았기 때문에, 실질적이고 즉각적인 미래의 피해 위협을 증명하지 못하여 금지명령을 구할 법적 자격이 부족하다고 판결했다.

b) 인과관계(Causation)

피고의 행위와 원고의 손해 사이에 인과 관계가 있어야 한다. 원고의 손해는 헌법에 위반된다고 주장되는 피고의 행위로부터 발생했어야 한다. 원고는 피고의 행위가 손해를 초래했음을 주장하고 증명해야 한다.

c) 구제가능성 (Redressability)

법원이 손해를 해결할 수 있는 구제를 제공할 수 있어야 한다. 법원의 결정이 손해를 해결할 가능성이 없는 경우, 그 소송은 허용이 안되는 권고적 의견으로 간주된다.

### 2) 제3자 당사자적격(Third-party standing)

Generally, a litigant has no standing to bring a lawsuit based on legal claims of a third party. However, there are exceptions to this rule.

a) Special Relationship Between the Plaintiff and Third Parties

A special relationship between the plaintiff and the third parties can justify third-party standing.

Doctors were allowed to assert the rights of their patients challenging abortion regulations because they had a close relationship with the patients and were directly affected by the restrictions.[10)]

A private school was permitted to assert the rights of its students against a statute requiring attendance at public schools, given the direct impact on the school and its students.[11)]

b) Difficulty or Inability of Third Parties to Assert Their Own Rights

When third parties cannot easily assert their own rights, a litigant may be allowed to sue on their behalf.

A criminal defendant has standing to assert third-party equal-protection rights of jurors excused from jury service because of their race.[12)]

c) Injury Adversely Affecting the Plaintiff's Relationship with a Third Party

If a plaintiff suffers an injury that adversely affects their relationship with a third party, the plaintiff may assert the third party's rights.

---

10) Singleton v. Wulff, 428 U.S. 106 (1976)

11) Pierce v. Society of Sisters, 268 U.S. 510 (1925)

12) Powers v. Ohio, 499 U.S. 400 (1991)

A vendor was allowed to challenge an Oklahoma law that discriminated against 18-20-year-old males purchasing beer. The law affected the vendor's business relationship with these customers.[13)]

d) Parental Standing

Parents generally have standing to bring actions on behalf of their minor children. However, this right may be limited in certain situations, especially after a divorce or when family-law rights are in dispute.

A noncustodial parent with joint legal custody was denied standing to challenge a school policy on behalf of his daughter because the custodial parent opposed the lawsuit, and the court deemed the issue too intertwined with family law matters.[14)]

e) Organizational Standing

An organization can sue on behalf of its members if: (1) the members would have standing to sue in their own right; (2) the interests at stake are germane to the organization's purpose; and (3) neither the claim asserted nor the relief requested requires the participation of individual members in the lawsuit.

일반적으로, 소송을 하는 자는 제3자의 법적 청구에 기초한 소송을 제기할 당사자적격이 없다. 그러나 이 규칙에는 몇 가지 예외가 있다.

a) 원고와 제3자 간의 특별한 관계
(Special Relationship Between the Plaintiff and Third Parties)

원고와 제3자 간의 특별한 관계가 제3자 당사자적격을 정당화할 수 있다.

13) Craig v. Boren, 429 U.S. 190 (1976)

14) Elk Grove Unified School District v. Newdow, 542 U.S. 1 (2004)

의사들은 낙태 규제의 위헌성을 주장하는 환자를 대신하여 권리를 주장하는 것이 허용되었다. 이는 그들이 환자와 밀접한 관계를 가지고 있었고 규제에 의해 직접적인 영향을 받았기 때문이다.

사립학교는 학생들에게 공립학교에 출석할 것을 요구하는 법률에 대해 학생들을 대신하여 권리를 주장할 수 있었다. 이는 그 법률이 학교와 학생들에게 직접적인 영향을 미쳤기 때문이다.

b) 제3자가 자신의 권리를 주장하기 어려운 경우
(Difficulty or Inability of Third Parties to Assert Their Own Rights)

제3자가 자신의 권리를 쉽게 주장할 수 없는 경우, 원고는 그들을 대신하여 소송을 제기할 당사자적격이 있다.

형사 피고인은 인종차별 때문에 배심원에서 제외된 자의 평등권 보호 권리를 주장할 수 있는 당사자적격을 가졌다.

c) 제3자와의 관계에 부정적인 영향을 미치는 손해
(Injury Adversely Affecting the Plaintiff's Relationship with a Third Party)

원고가 제3자와의 관계에 대한 부정적인 영향을 미치는 손해를 입은 경우, 원고는 제3자의 권리를 주장할 수 있다.

주류 판매업자는 여성과는 달리 18-20세 남성이 맥주를 구매하는 것을 차별하는 오클라호마 법의 위헌성을 주장할 수 있었다. 그 법은 판매업자의 사업 관계에 영향을 미쳤기 때문이다.

d) 부모의 당사자적격(Parental Standing)

부모는 일반적으로 미성년 자녀를 대신하여 소송을 제기할 당사자적격을 가진다. 그러나 이 권리는 특정 상황에서 제한될 수 있으며, 특히 이혼 후 또는 가족법상의 권리가 분쟁 중일 때 제한될 수 있다.

공동 법적 양육권을 가진 비양육 부모는 학교 정책에 대해 자녀를 대신하여 위헌성을 제기할 당사자적격이 부인되었다. 이는 양육 부모가 소송에 반대했고, 법원이 그 문제를 가족법 문제와 너무 밀접하게 얽혀 있다고 판단했기 때문이다.

e) 단체의 당사자적격(Organizational Standing)

단체는 다음 조건을 충족하는 경우 구성원을 대신하여 소송을 제기할 수 있다. 즉 (1) 구성원이 자신의 권리로 소송을 제기할 당사자적격을 가지고 있고; (2) 쟁점이 단체의 목적과 관련이 있으며; (3) 주장된 청구나 요구된 구제가 개별 구성원의 참석을 필요로 하지 않을 때 단체는 구성을 대신하여 당사자적격을 갖을 수 있다.

### 3) 시민 당사자적격(Citizen standing)

Citizen standing refers to the ability of individuals to bring lawsuits based on their status as citizens. Generally, simply being a citizen is not enough to establish standing to enforce constitutional provisions.

시민 당사자적격은 시민으로서의 지위에 기초하여 소송을 제기할 수 있는 능력을 의미한다. 일반적으로 단순히 시민이라는 이유만으로 헌법상 권리를 주장하기 위한 당사자적격을 갖추지는 못한다.

### 4) 납세자 당사자적격(Taxpayer standing)

Taxpayer standing generally refers to the ability of taxpayers to challenge government actions in federal court. Usually, A taxpayer typically does not have standing to file a federal lawsuit solely on the basis that the government has misallocated funds. This rule ensures that the courts do not become forums for generalized grievances about government spending.

Taxpayers challenged state tax incentives for corporations, arguing it violated the Commerce Clause. The Supreme Court held that the taxpayers lacked standing because their injury was too generalized and not direct.

However, a taxpayer does have standing to litigate issues related to their own tax bill. The surviving spouse of a same-sex marriage challenged the disallowance of an estate tax exemption. The Supreme Court allowed the suit because it involved a direct financial injury related to the plaintiff's tax liability.[15)]

Establishment Clause Exception: There is an exception allowing taxpayer suits challenging specific congressional appropriations under the Establishment Clause.[16)]

납세자 당사자적격은 납세자가 연방법원에서 정부의 행위가 위헌이라는 이유로 소송을 제기할 수 있는 능력을 의미한다. 일반적으로, 납세자는 정부가 자금을 잘못 배분했다는 이유만으로 연방법원에 소송을 제기할 당사자적격이 없다. 이 규칙은 법원이 정부 지출에 대한 일반적인 불만을 해결하는 장이 되지 않도록 보장하는 것이다.

납세자들이 주의 기업에 대한 세금 인센티브가 상거래 조항(the Commerce Clause)을 위반한다고 주장하며 위헌성을 주장하는 경우, 연방대법원은 납세자들이 당사자적격이 없다고 판결했다. 그 이유는 그들의 손해가 너무 일반적이고 직접적이지 않았기 때문이다.[17)]

그러나, 납세자는 자신의 세금 고지서와 관련된 문제에 대해서는 소송을 제기할 당사자적격이 있다. 예를 들어, 동성 결혼의 생존 배우자가 상속세 면제를 허용하지 않은 것에 위헌이라고 주장하는 경우, 연방대법원은 원고의 세금 부채와 관련된 직접적인 재정적 손해가 포함되어 있었기 때문에 소송을 허용했다.

---

15) United States v. Windsor, 570 U.S. 744 (2013)

16) Flast v. Cohen, 392 U.S. 83 (1968)

17) DaimlerChrysler Corp. v. Cuno, 547 U.S. 332 (2006)

국교설립금지 조항 예외(Establishment Clause Exception): 국교설립금지 조항에 따라 특정 의회의 지출에 대해 위헌을 주장하는 납세자 소송을 허용하는 예외가 있다. 이 예외는 납세자가 의회의 특정 지출이 국교설립금지 조항을 위반한다고 주장하는 경우 당사자적격을 가질 수 있음을 의미한다.

### 3. 사건의 성숙(Ripeness)

Ripeness refers to the readiness of a case for litigation. A federal court will not hear a case unless it has fully developed, meaning the issues are clear and a real injury has occurred or is imminent. This prevents courts from issuing advisory opinions on hypothetical or speculative disputes.

For a case to be ripe, the plaintiff must have experienced a real injury or face an imminent threat of injury. If the harm is speculative or hypothetical, the case is not ripe.

If a plaintiff challenges a law that has never been enforced, they must show a specific and credible threat of enforcement to establish ripeness. If a law is ambiguous and has a long history of non-enforcement, a challenge to the law may lack ripeness.

사건의 성숙은 소송의 준비 상태를 의미한다. 연방 법원은 사건이 완전히 발전되어 쟁점이 명확하고 실제 손해가 발생했거나 임박한 경우에만 사건을 심리한다. 이는 법원이 가상적이거나 추측적인 분쟁에 대해 권고적 의견을 내리지 않도록 방지하는 것이다.

사건이 성숙하기 위해서는 원고가 실제 손해를 경험했거나 임박한 손해의 위협에 직면해야 한다. 손해가 추측적이거나 가상적이면 사건은 성숙하지 않은 것으로 간주된다.

원고가 한 번도 집행된 적이 없는 법률에 대한 위헌성을 주장하는 경우, 사건의 성숙을 확립하려면 특정하고 신뢰할 만한 법률의 집행에 대한 위협을 보여주어야 한다. 어느 법률이 모호하고 오랫동안 집행되지 않았다면, 이 법률에 대한 위헌성 제기는 사건의 성숙이 부족할 수 있다.

피임 사용을 금지하는 코네티컷 법률이 헌법적 권리를 침해한다고 주장한 사건에서, 연방대법원은 해당 사건을 성숙하지 않았다는 이유로 기각했다. 해당 법이 집행되지 않았고, 즉각적인 기소의 위협도 없었기 때문이다. 연방대법원은 실제 손해나 임박한 손해가 없는 사건에 대한 사법심사는 적절하지 않다고 판단했다.

## 4. 소익 상실(Mootness)

A case has become moot if further legal proceedings would have no effect; that is, if there is no longer a controversy. A live controversy must exist at all stages of litigation, not merely when the complaint is filed.

A case must present an ongoing controversy at all stages of litigation. If events occur that eliminate the plaintiff's stake in the outcome, the case becomes moot.

A law student was denied admission to law school but was later provisionally admitted while the case was pending. By the time the Supreme Court heard the case, the student was close to graduation. The Court dismissed the case as moot because a decision would no longer affect the student's rights.[18)]

Exceptions to Mootness: Despite the general rule, there are notable exceptions where a case will not be dismissed as moot even if the original issue is no longer present.

18) DeFunis v. Odegaard, 416 U.S. 312 (1974)

1) Capable of Repetition, Yet Evading Review

A case will not be dismissed if the controversy is likely to recur but would evade review because of its inherently short duration.

The plaintiff challenged a Texas statute prohibiting abortion. The state argued the case was moot because the plaintiff was no longer pregnant. The Supreme Court ruled the case was not moot because pregnancy is a classic example of an issue that is "capable of repetition, yet evading review."[19)]

2) Voluntary Cessation

A case will not be dismissed if the defendant voluntarily stops the challenged action but is free to resume it at any time.[20)]

3) Class Actions

In a certified class action, if the named plaintiff's claim is resolved and becomes moot, that fact does not render the entire class action moot.

추가적인 법적 절차가 아무런 실익이 없는 경우 즉 더 이상 분쟁이 없는 경우 사건은 소익을 상실하게 된다.

소송의 모든 단계에서 분쟁이 존재해야 한다. 소장이 제출되었을때 뿐만 아니라 소송이 진행되는 동안에도 소송할 실익은 계속 존재해야 한다. 사건 진행 중에 원고의 소송 실익이 사라지면 사건은 소익을 상실하게 된다.

한 학생이 로스쿨 입학을 거부당하여 소송을 제기했지만, 소송이 진행되는 동안 학교가 임시로 입학을 허가하고, 연방대법원이 사건을 심리할 때 학생이 졸업을 앞두고 있었다. 이 사건에서 연방대법원은 더 이상 학생의 권리에 영향을 미칠

19) Roe v. Wade, 410 U.S. 113 (1973)

20) United States v. W.T. Grant Co., 345 U.S. 629 (1953)

분쟁이 존재하지 않기 때문에 사건을 소익 상실로 기각하였다.

소익 상실의 예외(Exceptions to Mootness): 소익 상실에 대한 일반적인 규칙에도 불구하고, 원래의 분쟁이 더 이상 존재하지 않더라도 사건이 소익 상실로 기각되지 않는 예외들이 있다.

1) 반복될 수 있지만 심사를 피할 수 있는 경우 (Capable of Repetition, Yet Evading Review)

분쟁이 반복될 가능성이 있지만 본질적으로 해당 분쟁의 소송 기간이 짧기 때문에 심사를 피할 수 있는 경우, 사건은 소익 상실로 기각되지 않는다.

원고가 낙태를 금지하는 텍사스 법의 위헌성 문제를 제기하였다. 주는 원고가 더 이상 임신을 하고 있지 않았기 때문에 사건의 소익이 상실되었다고 주장했다. 연방대법원은 임신이 "반복될 수 있지만 심사를 피할 수 있는" 문제의 전형적인 예로 보아 사건을 소익 상실로 기각하지 않고 심사를 하였다.

2) 자발적 중단(Voluntary Cessation)

피고가 위헌성 이의제기를 받은 행위를 자발적으로 중단했지만 언제든지 이를 다시 시작할 수 있는 경우, 사건은 소익 상실로 기각되지 않는다.

3) 집단 소송(Class Actions)

인증된 집단 소송에서, 원고측 대표자의 청구가 해결이 되어 소익 상실이 되더라도, 전체 집단 소송의 소익 상실이 되게 하지는 않는다.

## 5. 정치적 사안(Political Questions)

The political question doctrine prevents federal courts from ruling on issues that are more appropriately addressed by the other branches of government. This doctrine ensures that the judiciary does not encroach on the functions and responsibilities constitutionally assigned to the legislative and executive branches.

1) Assignment to Another Branch

A matter is deemed a political question if the Constitution explicitly assigns decision-making authority on the subject to a different branch of government.

Impeachment Procedures: The Constitution assigns the power of impeachment to Congress. Thus, the details and procedures of impeachment are political questions not subject to judicial review.

2) Inherently Non-Judiciable Matters

Some matters are inherently not suitable for judicial resolution because they involve issues that the judiciary is not equipped to decide or because they require expertise or discretion that lies outside the judicial function.

Conduct of Foreign Affairs: The President's conduct of foreign affairs, such as decisions about diplomacy and military strategy, is generally considered a political question beyond the judiciary's competence.

정치적 사안 원칙은 연방 법원이 다른 정부 부서가 다루는 것이 더 적절한 사안에 대해 심사를 하지 않는다는 원칙이다. 이 원칙은 사법부가 헌법에 따라 입법부와 행정부에 할당된 기능과 책임을 침해하지 않도록 보장하는 것이다.

**1) 다른 정부기관에 할당된 사안(Assignment to Another Branch)**

헌법이 특정 사안에 대한 결정 권한을 명시적으로 다른 정부기관에 할당한 경우, 해당 사안은 정치적 사안으로 간주된다.

탄핵 절차(Impeachment Procedures): 헌법은 탄핵 권한을 의회에 부여하고 있다. 따라서 탄핵의 세부 사항과 절차는 사법심사의 대상이 되지 않는 정치적 사안이다.

**2) 본질적으로 사법심사가 불가능한 사안(Inherently Non-Judiciable Matters)**

일부 사안은 사법적 해결에 적합하지 않다. 이는 사법부가 결정할 수 없는 사안이거나 사법부의 기능을 벗어난 전문 지식이나 재량이 필요한 문제이기 때문이다.

외교 업무 행위(Conduct of Foreign Affairs): 대통령의 외교 업무 이행, 예를 들어 외교 협상과 군사 전략에 대한 결정은 일반적으로 사법부의 권한을 넘어서는 정치적 사안으로 간주된다.

## 6. 확인판결(Declaratory judgments)

Declaratory judgments are a type of legal remedy in which a court determines the rights, duties, or obligations of the parties in a dispute without awarding damages or injunctive relief. These judgments are used to resolve legal uncertainty and provide a definitive statement of the law.

For a court to issue a declaratory judgment, there must be a real and immediate controversy between the parties. This ensures that the court is addressing an actual dispute rather than issuing an advisory opinion on hypothetical questions.

확인판결은 법원이 당사자 간의 권리, 의무 또는 책임을 결정하는 법적 구제의 일종으로, 손해배상이나 금지 구제를 수여하지 않는다. 이러한 판결은 법적 불확실성을 해결하고 법률의 확정적인 진술을 제공하기 위한 것이다.

법원이 확인판결을 내리기 위해서는 당사자 간에 실제적이고 즉각적인 분쟁이 있어야 한다. 법원은 가상의 질문에 대한 권고적 의견을 제시하는 심사를 하지 않고, 실제 분쟁을 심사하는 것이다.

## 7. 권고적 의견(Advisory opinions)

Advisory opinions are statements by a court on legal issues in the absence of an actual case or controversy. Federal courts in the United States are prohibited from issuing advisory opinions. This principle ensures that the judiciary only decides real, concrete disputes where the parties have a genuine stake in the outcome.

권고적 의견은 실제 사건이나 분쟁 없이 법원이 법적 문제에 대해 진술하는 것이다. 연방법원은 권고적 의견을 제시하는 것이 금지되어 있다. 이 원칙은 사법부가 실제적이고 구체적인 분쟁만을 결정하도록 보장하며, 당사자들이 결과에 대해 진정한 이해관계를 가지고 있는 경우에만 법적 판단을 내리도록 하는 것이다.

## Marbury v. Madison[21]

United States Supreme Court (1803)

Facts:

The case arose during the transition of power from President John Adams to President Thomas Jefferson. In his last days in office, President Adams appointed several judges, including William Marbury as a justice of the peace for the District of Columbia. The commissions for these appointments were signed and sealed but not delivered before Adams left office. When Jefferson assumed the presidency, his Secretary of State, James Madison, refused to deliver the commissions. William Marbury petitioned the Supreme Court for a writ of mandamus to compel Madison to deliver his commission.

Issues:

1. Right to Commission: Did Marbury have a right to his commission?
2. Legal Remedy: If Marbury had a right to the commission, did he have a legal remedy?
3. Writ of Mandamus: Could the Supreme Court issue a writ of mandamus to compel Madison to deliver the commission?

Holding:

1. Right to Commission: Yes, Marbury had a right to his commission once it was signed and sealed.
2. Legal Remedy: Yes, there was a legal remedy available for Marbury's situation.
3. Writ of Mandamus: No, the Supreme Court could not issue the writ of mandamus because the section of the Judiciary Act of 1789 that granted the Court the power to issue such writs was unconstitutional.

21) Marbury v. Madison is a landmark Supreme Court case that established the principle of judicial review in the United States, enabling the judiciary to invalidate laws and executive actions that are found to be unconstitutional.

Reasoning:

Chief Justice John Marshall stated that once a commission is signed by the President and sealed, it is complete and the appointee has a vested legal right to the office. Marshall affirmed the principle that where there is a legal right, there must be a legal remedy. Therefore, Marbury was entitled to a remedy for the violation of his right to the commission. Judicial Review: The Supreme Court found that the provision of the Judiciary Act of 1789 that gave the Court the power to issue writs of mandamus exceeded the authority granted by the Constitution. Article III of the Constitution delineates the original jurisdiction of the Supreme Court, and Congress cannot expand this jurisdiction. Marshall emphasized that it is the duty of the judiciary to interpret the law and determine its constitutionality. This decision established the principle of judicial review, empowering the Supreme Court to declare laws and executive actions unconstitutional.

# III | 입법부의 권한(THE LEGISLATIVE POWER)

## A 소개(Introduction)

Article I, Section 1 vests all legislative powers in the Congress of the United States. The U.S. Constitution grants specific powers to Congress, primarily enumerated in Article I, Section 8. Congress's powers are not plenary; they are limited to those expressly listed or implied within the Constitution. Additionally, the Necessary and Proper Clause allows Congress to pass laws needed to execute its enumerated powers.

1) Enumerated Powers

Congress can exercise only those powers specifically enumerated in the Constitution. These include powers like taxing, spending, regulating commerce, and raising and supporting armies.

2) Necessary and Proper Clause

The Necessary and Proper Clause (Article I, Section 8, Clause 18) grants Congress the power to enact laws that are necessary and proper to execute its enumerated powers. This clause is not an independent source of power but allows Congress to choose appropriate means to fulfill its constitutionally granted authorities.

Congress has the power to raise and support armies. Under the Necessary and Proper Clause, it can also implement a draft, establish military academies, and fund military operations, as these actions are necessary to execute its enumerated power.

3) Absence of General Police Power

Congress does not have a general police power to legislate for the health, safety, welfare, or morals of citizens. This power is typically reserved for state and local governments.

Exceptions Where Congress Has Police Power: (1) Military; (2) Indian Reservations; (3) Federal Lands and Territories; and (4) District of Columbia.

헌법 제1조 제1항은 모든 입법 권한을 의회에 부여하고 있다. 미국 헌법은 의회에 특정한 권한을 부여하고 있는데, 이는 주로 제1조 제8항에 열거되어 있다. 의회의 권한은 절대적인 것이 아니며, 헌법에 명시되어 있거나 암시된 권한으로 제한된다. 또한, 필요하고 적절한 조항(Necessary and Proper Clause)은 의회가 열거된 권한을 이행하기 위해 필요한 법을 제정할 수 있도록 한다.

**1) 열거된 권한(Enumerated Powers)**

의회는 헌법에 열거된 권한만을 행사할 수 있다. 여기에는 과세, 지출, 상거래 규제, 군대 모집 및 지원과 같은 권한 등이 포함된다.

**2) 필요하고 적절한 조항(Necessary and Proper Clause)**

필요하고 적절한 조항(헌법 제1조 제8항 제18절)은 의회에 열거된 권한을 이행하기 위해 필요하고 적절한 법을 제정할 수 있는 권한을 부여한다. 이 조항은 독립적인 권한의 원천이 아니라, 헌법상 부여된 권한을 이행하기 위한 적절한 수단을 선택할 수 있게 한다.

의회는 군대를 모집하고 지원할 권한을 가지고 있다. 필요하고 적절한 조항에 따라, 의회는 징병제 도입, 군사 아카데미 설립, 군사 작전 자금 지원 등의 행위를 수행할 수 있다. 이러한 조치는 열거된 권한을 실행하기 위해 필요한 것이다.

### 3) 일반 경찰권의 부재 (Absence of General Police Power)

의회는 시민의 건강, 안전, 복지, 도덕을 위한 일반적인 경찰권을 가지지 않는다. 이 권한은 일반적으로 주 및 지방 정부에게 보유된다.

의회가 경찰권을 가지는 예외(Exceptions Where Congress Has Police Power): (1) 군사, (2) 인디언 보호구역, (3) 연방 토지 및 영토, (4) 컬럼비아 특별구.

## B 과세 및 지출 권한(Taxation and Spending Power)

Article I, Section 8 of the U.S. provides: The congress shall have power to lay and collect taxes, duties, imposts, and excises, to pay the debts and provide for the common defence and general welfare of the United States; but all duties, imposts, and excises shall be uniform throughout the United States.

헌법 제1조 제8항은 의회의 과세 및 지출 권한에 대하여 다음과 같이 규정하고 있다.

의회는 채무를 지불하고, 공동 방위와 일반 복지를 위하여 조세, 관세, 공과금 및 소비세를 부과하고 징수할 권한을 가진다. 다만, 관세, 공과금 및 소비세는 미국 전역에서 균일하게 적용되어야 한다.

### 1. 과세 권한(Taxing Power)

A tax by Congress will generally be upheld if it has a reasonable relationship to revenue production.

1) Plenary Power

Article I, Section 8 grants Congress plenary power to raise revenue through taxes. Congress does not need to demonstrate that a tax is necessary for a compelling governmental interest; it can tax for any public purpose within the bounds of the General Welfare Clause.

General Welfare Clause: This clause allows Congress to exercise its taxing and spending powers broadly for the public welfare but does not grant Congress general police powers, which are reserved for states.

2) Uniformity Requirement

All federal taxes must be uniform throughout the United States, meaning the tax must apply equally across states regardless of differences in state laws.

의회가 부과하는 세금은 일반적으로 재정 수입 창출과 합리적인 관계가 있는 경우에는 합헌적이다.

### 1) 절대적 권한(Plenary Power)

헌법 제1조 제8항은 의회에 세금을 통해 재정 수입을 창출할 수 있는 절대적 권한을 부여한다. 의회는 세금이 중대한 정부의 이익을 위해 필요하다는 것을 증명할 필요가 없으며, 일반 복지 조항(General Welfare Clause)의 범위 내에서 모든 공공 목적을 위해 세금을 부과할 수 있다.

일반 복지 조항(General Welfare Clause): 이 조항은 의회가 공공 복지를 위해 폭넓게 과세 및 지출 권한을 행사할 수 있도록 하지만, 일반적인 경찰권을 부여하지는 않는다. 경찰권은 주 정부가 보유하는 것이다.

### 2) 균일성 요건(Uniformity Requirement)

모든 연방 세금은 미국 전역에서 균일해야 한다. 즉, 세금은 주법의 차이에 관계없이 모든 주에 동일하게 적용되어야 한다.

## 2. 지출 권한(Spending Power)

Congress's power to spend has been interpreted broadly, allowing it to allocate funds for the general welfare beyond its other enumerated powers. Congress can spend for any public purpose under the General Welfare Clause.

1) Conditional Spending

Congress can use its spending power to indirectly achieve regulatory goals by attaching conditions to federal funds. The Court upheld a statute that withheld federal highway funds from states that did not raise the legal drinking age to 21.

2) Unconstitutional Conditions

Congress cannot impose conditions on federal funds that amount to unconstitutional compulsion. Congress cannot require the distribution of the Ten Commandments to Medicaid patients as a condition for receiving Medicaid funds.

의회의 지출 권한은 광범위하게 해석되어, 다른 열거된 권한을 넘어서 일반 복지를 위해 자금을 할당할 수 있도록 한다. 의회는 일반 복지 조항에 따라 모든 공공 목적을 위해 자금을 지출할 수 있다.

### 1) 조건부 지출(Conditional Spending)

의회는 연방 자금에 조건을 부여하여 간접적으로 규제 목표를 달성할 수 있다. 예를 들어, 법원은 법적 음주 연령을 21세로 올리지 않는 주에 연방 고속도로 자금을 지원하지 않는 법률에 대하여 합헌으로 판단하였다.

### 2) 위헌적 조건(Unconstitutional Conditions)

의회는 연방 자금에 위헌적인 강제에 해당하는 조건을 부과할 수 없다. 예를 들어, 의회는 저소득층 의료 보장(Medicaid) 자금을 받기 위한 조건으로 저소득층 환자에게 십계명을 배포하도록 요구할 수 없다.

## C 상거래 권한(Commerce Power)

Article I, Section 8, Clause 3 of the Constitution, commonly known as the Commerce Clause, grants Congress the power "to regulate Commerce with foreign Nations, and among the several States, and with the Indian Tribes." The term "commerce" has been broadly interpreted to include all activities involving or affecting two or more states.

1) Broad Interpretation of Commerce

The term "commerce" has been broadly interpreted to include almost all forms of economic activity, including:

a) Transportation and Traffic: Movement of goods and people across state lines.

b) Communication: Mail, telephone, internet, and other forms of communication.

c) Transmission: Gas, electricity, radio waves, and other forms of energy or signals.

2) Powers Under the Commerce Clause

a) Regulating Channels of Interstate Commerce

Channels of interstate commerce include the pathways through which commerce flows, such as highways, waterways, and the internet. Congress can regulate the safety standards for interstate highways or environmental standards for navigable waters.

b) Regulating Instrumentalities and Persons/Things in Interstate Commerce

Instrumentalities: These include vehicles, machines, and other tools used in commerce, such as trucks, planes, and telephones.

Persons/Things: Congress can regulate individuals and objects that cross state lines, such as goods, livestock, and people.

Congress can set safety regulations for airplanes or telecommunications standards for interstate phone calls.

c) Substantial Economic Effect

Congress can regulate activities that have a substantial economic effect on interstate commerce, even if the activities are intrastate. The activity must be economic in nature. There must be a rational basis for concluding that the activity, in aggregate, substantially affects interstate commerce.

The Supreme Court upheld federal restrictions on wheat production, reasoning that even wheat grown for personal use could, in aggregate, affect interstate supply and demand.

3) Limitations of Commerce Power

Despite the broad scope of Congress's commerce power, there are important limitations, particularly concerning non-economic activities.

Federal Gun-Free School Zones Act: The Supreme Court held that the Act, which barred the possession of guns in school zones, was unconstitutional because it did not regulate an economic activity and exceeded Con gress's commerce power.

Violence Against Women Act: The Court ruled that the federal civil remedy for victims of gender-motivated violence was unconstitutional. The activity was non-economic, and Congress could not demonstrate a substantial economic effect on interstate commerce.

헌법 제1조 제8항 제3절인 상거래 조항(Commerce Clause)은 의회에 "외국과의 상거래, 여러 주 간의 상거래 및 인디언 부족과의 상거래를 규제할 권한"을 부여하고 있다. "상거래(commerce)" 용어는 두 개 이상의 주와 관련된 모든 활동을 포함하도록 광범위하게 해석되고 있다.

### 1) 상거래의 광범위한 해석(Broad Interpretation of Commerce)

"상거래(commerce)" 용어는 거의 모든 형태의 경제 활동을 포함하도록 광범위하게 해석되어 왔다.

a) 운송과 교통(Transportation and Traffic): 주 경계를 넘는 상품과 사람의 이동

b) 통신(Communication): 우편, 전화, 인터넷 및 기타 통신 형태

c) 전송(Transmission): 가스, 전기, 전파 및 기타 에너지 또는 신호

### 2) 상거래 조항에 따른 권한(Powers Under the Commerce Clause)

a) 주간 상거래의 경로 규제(Regulating Channels of Interstate Commerce)

주간 상거래의 경로에는 상거래가 흐르는 통로가 포함되며, 고속도로, 수로 및 인터넷이 이에 해당한다. 의회는 주간 고속도로의 안전 기준이나 항해 가능한 수로의 환경 기준을 규제할 수 있다.

b) 주간 상거래의 수단 및 사람/물건 규제(Regulating Instrumentalities and Persons/Things in Interstate Commerce)

수단(Instrumentalities): 트럭, 비행기, 전화기와 같은 상거래에 사용되는 차량, 기계 및 기타 도구가 포함된다.

사람/물건(Persons/Things): 의회는 주 경계를 넘는 개인 및 물건(예: 상품, 가축, 사람)을 규제할 수 있다.

의회는 비행기의 안전 규정이나 주간 전화 통화의 통신 기준을 설정할 수 있다.

c) 실질적 경제 효과(Substantial Economic Effect)

의회는 주간 상거래에 실질적인 경제적 영향을 미치는 활동을 규제할

수 있으며, 이러한 활동이 주내 활동이라 하더라도 규제할 수 있다. 활동은 경제적 성격을 가져야 하며, 활동이 전체적으로 주간 상거래에 실질적인 영향을 미친다고 결론 내릴 합리적인 근거가 있어야 한다.

연방대법원은 연방 정부의 밀 생산에 대한 제한에 대하여 합헌이라고 결정을 내렸는데, 이는 개인 용도로 재배된 밀도 전체적으로 주간 공급 및 수요에 영향을 미칠 수 있기 때문이었다.

### 3) 상거래 권한의 한계(Limitations of Commerce Power)

의회의 상거래 권한이 광범위하지만, 특히 비경제적 활동에 대해서는 중요한 한계가 있다.

연방 총기 금지 학교 구역법(Federal Gun-Free School Zones Act): 연방대법원은 학교 구역에서 총기 소지를 금지하는 법이 경제 활동을 규제하지 않으며 의회의 상거래 권한을 초과한다고 판결했다.

여성 폭력 방지법(Violence Against Women Act): 연방대법원은 성별에 의한 폭력 피해자에 대한 연방 민사 구제책이 헌법에 위배된다고 판결했다. 이 활동은 비경제적이며, 의회는 주간 상거래에 실질적인 경제적 효과를 증명할 수 없었다.

## D 전쟁 및 방위 권한(War and Defense Powers)

Article I, Section 8 of the Constitution grants Congress the powers related to war and national defense. These powers include the authority to declare war, raise and support armies, provide and maintain a navy, make rules for governing the armed forces, and organize a militia.

1) National Defense

Congress's war powers are very broad, allowing it to take necessary actions to ensure national defense during both wartime and peacetime.

Military Draft and Selective Service: The Court has upheld Congress's authority to implement a draft and establish a selective service system.

Economic Controls: Congress can impose wage, price, and rent controls on the civilian economy during wartime and even in the post-war period.

Exclusion from Restricted Areas: Congress has the power to exclude civilians from certain areas deemed critical to national security.

2) Military Courts and Tribunals

a) Establishment and Jurisdiction

Congress has the power to establish military courts and tribunals under its war powers and the Necessary and Proper Clause. These courts can try specific groups, including enemy soldiers, enemy civilians, and current members of the U.S. armed forces. However, military courts do not have jurisdiction over U.S. civilians.

b) Due Process for U.S. Citizens

U.S. citizens captured and held as "enemy combatants" have the right to contest the factual basis of their detention before a neutral decision-maker, as a matter of due process.

c) Constitutional Protections

Military tribunals are not Article III courts, meaning not all constitutional protections apply. For example, there is no right to a jury trial or grand jury indictment in military tribunals.

헌법 제1조 제8항은 의회에 전쟁 및 국가 방위와 관련된 권한을 부여하고 있다. 이러한 권한에는 전쟁 선포, 군대 모집 및 지원, 해군 제공 및 유지, 군대 규칙 제정, 민병대 조직이 포함된다.

1) 국가 방위(National Defense)

의회의 전쟁 권한은 매우 광범위하여 전시 및 평시 모두 국가 방위를 위해 필요한 조치를 취할 수 있다.

군사 징병 및 선택적 복무(Military Draft and Selective Service): 연방대법원은 의회가 징병을 시행하고 선택적 복무 제도를 설정할 권한에 대해 합헌이라고 결정했다.

경제 통제(Economic Controls): 의회는 전시 및 전후 기간 동안 민간 경제에 대한 임금, 가격 및 임대료 통제를 할 수 있다.

제한 지역에서의 배제(Exclusion from Restricted Areas): 의회는 국가 안보에 중요한 특정 지역에서 민간인을 배제할 권한을 가진다.

2) 군사 법원 및 재판소(Military Courts and Tribunals)

a) 설립 및 관할권(Establishment and Jurisdiction)

의회는 전쟁 권한과 필요하고 적절한 조항에 따라 군사 법원 및 재판소를 설립할 권한을 가진다. 이러한 법원은 적군 병사, 적국 민간인 및 현재 미국 군대 구성원 등을 재판할 수 있다. 그러나 군사 법원은 미국 민간인에 대한 관할권을 가지지 않는다.

b) 미국 시민의 적법절차(Due Process for U.S. Citizens)

"적 전투원"으로 포로가 된 미국 시민은 중립적인 결정권자 앞에서 자신의 구금 사실에 대한 근거를 다툴 권리가 있다.

c) 헌법적 보호(Constitutional Protections)

군사 재판소는 제3조상의 법원이 아니므로 모든 헌법적 보호가 적용되지는 않는다. 예를 들어, 군사 재판소에서는 배심원 재판이나 대배심 기소에 대한 권리가 없다.

## E 외국인 및 시민권에 대한 권한(Power Over Aliens and Citizenship)

1) Aliens

Congress has plenary power over aliens, meaning it has broad authority to regulate their entry and presence in the United States. Aliens have no right to enter the U.S. and can be refused entry for various reasons, including political beliefs.

Due Process Constraints: It is subject to the constraints of the Fifth Amendment Due Process Clause. Once an alien is within the U.S., they are entitled to due process protections.

Removal Procedures: Aliens can generally be removed from the U.S. but are entitled to notice and a removal hearing before deportation.

2) Naturalization

Congress has exclusive authority over naturalization. Article I, Section 8, Clause 4 grants Congress the power to establish a uniform rule of naturalization, allowing it to determine the criteria for becoming a U.S. citizen.

Protection of Citizenship: The Fourteenth Amendment ensures that once granted, national citizenship cannot be taken away without consent, except in cases of fraud or bad faith.

### 1) 외국인(Aliens)

의회는 외국인에 대한 절대적인 권한을 가지며, 이는 그들의 입국과 체류를 규제할 광범위한 권한을 의미한다. 외국인은 미국에 입국할 권리가 없으며, 정치적 신념을 포함한 다양한 이유로 입국이 거부될 수 있다.

적법절차의 제한(Due Process Constraints): 의회의 권한은 수정헌법 제5조의 적법절차 조항의 제한을 받는다. 외국인이 미국 내에 있는 경우, 그들은 적법절차 보호를 받을 권리가 있다.

추방 절차(Removal Procedures): 외국인은 일반적으로 미국에서 추방될 수 있지만, 추방 전에 통지와 추방에 대한 청문회를 받을 권리가 있다.

### 2) 귀화(Naturalization)

의회는 귀화에 대한 독점적 권한을 가진다. 헌법 제1조 제8항 제4절은 의회에 균일한 귀화 규칙을 확립할 권한을 부여하여, 미국 시민이 되는 기준을 결정할 수 있게 한다.

시민권의 보호(Protection of Citizenship): 수정헌법 제14조는 일단 부여된 시민권은 동의 없이 박탈될 수 없음을 보장하며, 이는 사기나 악의적인 행위가 있는 경우에만 예외가 적용된다.

## F 재산 권한(Property Power)

Article IV, Section 3 of the Constitution provides "The Congress shall have Power to dispose of and make all needful Rules and Regulations respecting the Territory or other Property belonging to the United States." This clause gives Congress broad discretion over territories and properties belonging to the United States.

This power includes managing federal lands, buildings, and other properties. There is no express constitutional limit on Congress's authority to dispose of federal property.

Eminent Domain: The Fifth Amendment requires that private property taken for public use must be accompanied by just compensation.

헌법 제4조 제3항은 "의회는 미국에 속한 영토 또는 기타 재산과 관련하여 모든 필요한 규칙과 규정을 처분하고 제정할 권한을 가진다"고 규정하고 있다. 이 조항은 미국에 속한 영토와 재산에 대해 의회에게 광범위한 재량권을 부여하고 있다.

이 권한에는 연방 토지, 건물 및 기타 재산의 관리가 포함된다. 연방 재산을 처분하는 의회의 권한에 대한 명시적인 헌법적 제한은 없다.

토지 수용(Eminent Domain): 수정헌법 제5조는 공공 목적으로 사유 재산을 수용할 경우 적정한 보상이 동반되어야 한다고 요구한다.

## G 우편 권한(Postal Power)

Article I, Section 8, Clause 7 of the Constitution grants Congress the exclusive power "to establish post offices and post roads." This power allows Congress to create and regulate a nationwide postal system.

Congress has the power to establish and maintain a postal system, including post offices and the roads used for mail delivery. This includes creating, regulating, and maintaining the infrastructure necessary for mail services across the nation.

Congress can impose reasonable restrictions on the use of the mail to ensure the integrity and security of the postal system.

헌법 제1조 제8항 제7절은 의회에 "우체국과 우편로를 설립할" 독점적 권한을 부여하고 있다. 이 권한은 의회가 전국적인 우편 시스템을 창설하고 규제할 수 있도록 한다.

의회는 우체국과 우편 배달을 위한 도로를 포함한 우편 시스템을 설립하고 유지할 권한을 가진다. 여기에는 우편 서비스를 위한 인프라를 창설, 규제 및 유지하는 것이 포함된다.

의회는 우편 시스템의 무결성과 보안을 보장하기 위해 우편물 사용에 대해 합리적인 제한을 부과할 수 있다.

## H 조사 권한(Investigatory Power)

While Congress does not have an express power to investigate, the Necessary and Proper Clause grants Congress broad authority to conduct investigations that are incidental to its legislative functions. The Supreme Court affirmed Congress's power to investigate as an essential aspect of its legislative functions.[22)]

1) Scope of Investigatory Power

The investigatory power extends to any matter within a "legitimate legislative sphere," meaning issues related to Congress's ability to legislate.

Speech and Debate Clause: Article I, Section 6 provides members of Congress with immunity for their legislative activities, including investigations. The Supreme Court held that the Speech and Debate Clause provides absolute immunity from judicial interference for actions within the legislative process.[23)]

2) Enforcement and Witness's Rights

Congress can issue subpoenas to compel testimony and the production of documents. A subpoenaed witness who fails to appear or refuses to answer questions can be cited for contempt.

Witness's Rights: Witnesses are entitled to procedural safeguards, such as the presence of legal counsel. Witnesses have the right to refuse to answer questions that might incriminate them.

22) McGrain v. Daugherty, 273 U.S. 135 (1927)

23) Eastland v. Unites States Servicemen's Fund, 421 U.S. 491 (1975)

의회는 명시적인 조사 권한을 가지고 있지 않지만, 필요하고 적절한 조항(Necessary and Proper Clause)은 의회에 입법 기능과 관련된 광범위한 조사 권한을 부여한다. 연방대법원은 의회의 조사 권한이 의회의 입법 기능의 필수적인 측면임을 확인했다.

### 1) 조사 권한의 범위(Scope of Investigatory Power)

조사 권한은 "정당한 입법 영역" 내의 모든 문제로 확장되며, 이는 의회의 입법 능력과 관련된 문제를 의미한다.

표현 및 토론 조항(Speech and Debate Clause): 헌법 제1조 제6항은 의회의 입법 활동, 특히 조사와 관련된 활동에 대해 면책 특권을 제공한다. 연방대법원은 표현 및 토론 조항이 입법 과정 내에서의 행위에 대해 사법적 간섭으로부터 절대적인 면책을 제공한다고 판결했다.

### 2) 집행과 증인의 권리(Enforcement and Witness's Rights)

의회는 증인을 강요하고 문서 제출을 요구하기 위해 소환장을 발부할 수 있다. 소환된 증인이 출석하지 않거나 질문에 답변을 거부하면 위증죄로 기소될 수 있다.

증인의 권리(Witness's Rights): 증인은 변호사의 조력을 받는 등 법적 조언을 받을 수 있는 절차적 보호를 받을 권리가 있다. 증인은 자신의 형사처벌을 피하기 위하여 질문에 대한 답변을 거부할 권리가 있다.

## I 기타 의회의 권한(Other Powers of Congress)

1) Borrowing Power (Article I, Section 8, Clause 2)

Congress can borrow money on the credit of the United States.

2) Coinage and Weights and Measures (Article I, Section 8, Clause 5)

Congress can coin money and regulate its value, and set standards for weights and measures.

3) Punishment for Counterfeiting (Article I, Section 8, Clause 6)

Congress can create laws to punish those who counterfeit money and securities.

4) Patents and Copyrights (Article I, Section 8, Clause 8)

Congress can protect intellectual property by granting patents and copyrights.

**1) 차입 권한(Borrowing Power)**

의회는 미국의 신용으로 돈을 빌릴 수 있다.

**2) 화폐 주조 및 도량형(Coinage and Weights and Measures)**

의회는 화폐를 주조하고 그 가치를 규제하며, 도량형의 표준을 설정할 수 있다.

**3) 위조 처벌(Punishment for Counterfeiting)**

의회는 화폐 및 유가증권을 위조한 자를 처벌하는 법률을 제정할 수 있다.

**4) 특허 및 저작권(Patents and Copyrights)**

의회는 특허 및 저작권을 부여하여 지식재산권을 보호할 수 있다.

## J 입법 권한의 위임(Delegation of Legislative Power)

Article I of the Constitution vests Congress with "all legislative powers," meaning Congress cannot delegate its core legislative functions to another branch of government. This is known as the nondelegation doctrine.

Despite this principle, Congress can delegate some of its authority to the executive branch, provided it specifies an "intelligible principle" to guide the delegate's actions. An intelligible principle is a clear guideline or standard provided by Congress to direct the actions of the delegatee (typically an executive agency).

1) Examples of Valid Delegation

   a) Internal Revenue Service (IRS): Congress has delegated the power to the IRS (Internal Revenue Service) to collect taxes.

   b) Federal Communications Commission (FCC): The FCC was given the power to regulate broadcast licenses.

   c) Federal Power Commission (FPC): The FPC was authorized to set rates for natural gas sold in interstate commerce.

2) Nondelegable Powers

   Certain powers are inherently legislative and cannot be delegated by Congress such as the power of impeachment or the power to declare war.

헌법 제1조는 의회에 "모든 입법 권한"을 부여하며, 이는 의회가 그 핵심 입법 기능을 다른 정부 부서에 위임할 수 없음을 의미한다. 이는 비위임 원칙(nondelegation doctrine)으로 알려져 있다.

이 원칙에도 불구하고, 의회는 일부 권한을 행정부에 위임할 수 있다. 단, 의회가 의회의 권한을 다른 기관에 위임하는 경우에는 위임받은 행위를 안내해 줄 수 있는 "명료성 원칙(intelligible principle)"을 정해두어야 한다. 명료성 원칙이란 수임인(일반적으로 행정 기관)의 행위를 지시하는 명확한 지침 또는 기준을 의미한다.

1) 유효한 위임의 예시(Examples of Valid Delegation)

a) 국세청(IRS): 의회는 세금을 징수할 권한을 국세청(IRS)에 위임했다.

b) 연방 통신 위원회(FCC): 의회는 방송 라이선스를 규제할 권한을 연방 통신 위원회(FCC)에 부여했다.

c) 연방 전력 위원회(FPC): 의회는 연방 전력 위원회(FPC)에 주간 상거래에서 거래되는 천연가스의 요금을 설정할 권한을 부여했다.

2) 위임할 수 없는 권한(Nondelegable Powers)

일부 권한은 본질적으로 입법적이어서 의회가 다른 기관에 위임할 수 없다. 이러한 권한에는 탄핵 권한이나 전쟁 선포 권한이 포함된다.

# IV | 행정부의 권한(THE EXECUTIVE POWER)

Article II, Section 1 of the Constitution grants the "executive power" to the President of the United States. This power has been broadly interpreted by the Supreme Court to include the authority to enforce laws, manage the executive branch, and conduct foreign affairs.

헌법 제2조 제1항은 "행정 권한"을 미국 대통령에게 부여하고 있다. 연방대법원은 이 권한을 광범위하게 해석하여 법 집행, 행정부 관리, 외교 업무 수행 권한을 포함한다고 해석했다.

## A 국내 사안에 대한 대통령의 권한 (President's Powers over Domestic Affairs)

The President, as the head of the executive branch, possesses several domestic powers under the Constitution. These powers enable the President to enforce laws, manage the executive branch, and interact with the legislative branch.

1) Appointment and Removal of Officials

a) Appointment

Article II, Section 2 authorizes the President to appoint all officers of the United States including ambassadors and Justices of the Supreme Court., with the advice and consent of the Senate.

Congress may delegate the appointment of inferior officers to the President alone (i.e., without Senate approval), the heads of executive departments, or the courts. Inferior officers are those supervised by Senate-confirmed appointees.

b) Removal

The Constitution is silent about the President's power to remove executive officers, but it is generally accepted that the President may remove any executive appointee without cause without any interference from Congress.

Federal judges who are protected under Article III, Section 1 hold office during good behavior and can only be removed by impeachment.

2) Pardon Power

Article II, Section 2 grants the President the power to "grant reprieves and pardons for offenses against the United States, except in cases of impeachment."

The pardon power applies only to federal offenses and cannot be used to pardon state crimes. A pardon can be granted at any time after the commission of the offense, whether before, during, or after legal proceedings. Pardons can be subject to conditions and can include acts like remission of fines, penalties, and commutation of sentences.

3) Veto Power

Article I, Section 7 provides the President with the power to veto any bill presented by Congress. Upon receiving a bill, the President has 10 days to sign or veto it. If signed, the bill becomes law. The President can veto the bill, returning it to the house of origin with objections. Congress can override the veto with a two-thirds vote in both houses.

If the President takes no action and Congress is in session, the bill becomes law without a signature. If Congress adjourns during the 10-day period, the bill does not become law, known as a "pocket veto."

Line Item Veto: The President cannot exercise a line-item veto, which would allow rejection of specific parts of a bill while approving the rest. The Supreme Court ruled this unconstitutional in *Clinton v. City of New York* (1998), as it violates the Presentment Clause.

4) Power as Chief Executive

The President's power to issue executive orders and govern domestic affairs varies with congressional authorization.

a) With the express or implied authority of Congress, presidential authority is strongest and presumed valid.

b) With congressional silence, presidential authority is diminished and may be invalid if it interferes with another branch's power.

c) With congressional opposition, presidential authority is at its weakest and likely invalid.

대통령은 행정부의 수장으로서 헌법에 따라 여러 국내 권한을 보유하고 있다. 이러한 권한은 대통령이 법을 집행하고 행정부를 관리하며 입법부와 상호 작용할 수 있도록 한다.

1) 공무원 임명 및 해임(Appointment and Removal of Officials)

a) 임명(Appointment)

헌법 제2조 제2항은 대통령에게 상원의 조언과 동의를 얻어 대사와 연방대법원 판사를 포함한 미국의 모든 공무원을 임명할 권한을 부여하고 있다.

의회는 하위 공무원의 임명을 대통령 단독(즉, 상원의 승인 없이), 행정부 부서의 장, 또는 법원에 위임할 수 있다. 하위 공무원은 상원의 인준을 받은 임명자에 의해 감독을 받는 공무원을 의미한다.

b) 해임(Removal)

헌법은 행정부 공무원을 해임할 대통령의 권한에 대해 명시하고 있지 않지만, 일반적으로 대통령이 의회의 간섭 없이 임명된 행정부 공무원을 사유 없이 해임할 수 있는 것으로 받아들여진다.

제3조 제1항에 따라 보호받는 연방 판사는 성실하게 직무를 수행하는 동안 직위를 유지하며, 탄핵에 의해서만 해임될 수 있다.

### 2) 사면 권한(Pardon Power)

헌법 제2조 제2항은 대통령에게 "탄핵 사건을 제외한 미국에 대한 범죄에 대한 집행의 유예 및 사면을 부여할" 권한을 부여한다.

사면 권한은 연방 범죄에만 적용되며 주 범죄에 대한 사면에는 사용할 수 없다. 사면은 범죄 발생 후 언제든지, 즉 법적 절차가 시작되기 전이나 중간 또는 그 이후에 부여될 수 있다. 사면은 조건을 정하여 사용될 수 있으며 벌금, 형벌의 감면 및 형량 감형과 같은 행위를 포함할 수 있다.

### 3) 거부권(Veto Power)

헌법 제1조 제7항은 대통령에게 의회가 제정한 법안을 거부할 권한을 부여하고 있다. 대통령은 법안을 받은 후 10일 이내에 서명하거나 거부해야 한다. 서명할 경우 법안은 법률로 제정된다. 대통령은 법안을 거부할 수 있으며, 반대 이유와 함께 법안을 발의한 하원으로 반환한다. 의회는 양원 모두에서 3분의 2의 찬성으로 거부권을 무효화할 수 있다.

대통령이 아무 조치도 취하지 않고 의회가 개회 중인 경우 법안은 서명 없이 법률로 제정된다. 만약 의회가 10일 기간 중에 휴회하면, 법안은 법률로 제정되지 않으며, 이를 "포켓 거부권(pocket veto)"이라고 한다.

항목별 거부권(Line Item Veto): 대통령은 법안의 특정 부분을 거부하면서 나머지를 승인하는 항목별 거부권을 행사할 수 없다. 연방대법원은 이것이 헌법의 제시 조항(Presentment Clause)에 위배되므로 위헌이라고 판결했다.[24]

---

24) Clinton v. City of New York, 524 U.S. 417 (1998)

#### 4) 행정 수반으로서의 권한(Power as Chief Executive)

대통령의 행정명령 발행 및 국내 사항에 대한 권한은 의회의 승인에 따라 다르게 적용된다.

a) 의회의 명시적 또는 묵시적 권한이 있을 때, 대통령의 권한은 가장 강력하며 유효한 것으로 추정된다. 의회가 제정한 법률에 따라 대통령이 권한 행사를 하는 경우가 해당한다.

b) 의회의 침묵이 있을 때, 대통령의 권한은 감소하며 다른 정부 부서의 권한을 방해할 경우 유효하지 않을 수 있다.

c) 의회의 반대가 있을 때, 대통령의 권한은 가장 약하며 유효하지 않을 가능성이 높다.

## B 외교 사안에 대한 대통령의 권한 (President's Powers over Foreign Affairs)

The President holds significant authority in foreign affairs, derived from the Constitution and developed through historical practice. These powers enable the President to conduct foreign relations, engage with international actors, and manage military operations, subject to certain limitations and congressional oversight.

1) Commander in Chief

Article II, Section 2 designates the President as the Commander in Chief of the armed forces. The President directs military operations and strategies as the head of the armed forces. While only Congress can formally declare war, the President can take military action to respond to actual hostilities against the United States.

Congressional Oversight: Congress controls military funding and can limit the President's military actions through appropriation powers.

Unsettled Questions: The extent of the President's power to deploy troops without congressional approval remains debated, with both branches asserting authority. Courts generally leave these issues to be resolved by the political branches.

2) Treaties

Article II, Section 2 grants the President the power to negotiate treaties, which require ratification by a two-thirds Senate vote.

The President represents the U.S. in foreign relations, negotiates treaties, and appoints ambassadors. Ratified treaties become the supreme law of the land and take precedence over conflicting state laws. Treaties hold the same authority as federal statutes. If a treaty and a statute conflict, the one most recently adopted prevails. The Constitution is superior to treaties. Any conflicts are resolved in favor of the Constitution.

Non-Self-Executing Treaties & Self-Executing Treaties: Non-self-executing treaties do not automatically have domestic legal effect upon ratification. They require additional legislation to be implemented and enforced within the domestic legal system. Self-executing treaties are become part of domestic law as soon as they are ratified, without the need for additional legislation. These treaties have direct effect and can be enforced by domestic courts.

3) Executive Agreements

Executive agreements are international agreements made by the President with foreign nations that do not require Senate ratification. Federal statutes and ratified treaties take precedence over executive agreements. Executive agreements take precedence over conflicting state laws.

대통령은 헌법과 역사적 관행을 통해 발전한 외교 업무에서 상당한 권한을 가지고 있다. 이러한 권한은 대통령이 외교 관계를 수행하고, 국제 행위자와 교류하며, 군사 작전을 관리할 수 있게 한다. 그러나 이러한 대통령의 외교 사안에 대한 권한은 일정한 제한과 의회의 감독을 받는다.

### 1) 군 최고사령관(Commander in Chief)

헌법 제2조 제2항은 대통령을 군대의 최고사령관으로 지정하고 있다. 대통령은 군대의 수장으로서 군사 작전과 전략을 지휘한다. 전쟁을 공식적으로 선포할 수 있는 권한은 의회에만 있지만, 대통령은 미국에 대한 실제 적대 행위에 대응하기 위해 군사 행동을 취할 수 있다.

의회의 감독(Congressional Oversight): 의회는 군사 자금 지원을 통제하며, 세출권을 통해 대통령의 군사 행동을 제한할 수 있다.

미해결 문제(Unsettled Questions): 의회의 승인 없이 대통령이 군대를 파견할 수 있는 권한의 범위는 여전히 논의되고 있으며, 두 정부 부서는 각각 권한을 주장하고 있다. 법원은 일반적으로 이러한 문제를 정치적 해결에 맡기고 있다.

### 2) 조약(Treaties)

헌법 제2조 제2항은 대통령에게 조약을 협상할 권한을 부여하고 있으며, 조약은 상원의 3분의 2의 비준을 필요로 한다.

대통령은 외교 관계에서 미국을 대표하고, 조약을 협상하며, 대사를 임명한다. 비준된 조약은 연방법과 동일한 권위를 가지며, 상충하는 주법보다 우선한다. 조약과 법률이 충돌할 경우 가장 최근에 채택된 것이 우선한다. 헌법은 조약보다 상위에 있으며, 충돌이 있을 경우 헌법이 우선한다.

비 자체 집행 조약과 자체 집행 조약(Non-Self-Executing Treaties & Self-Executing Treaties): 비 자체 집행 조약은 비준 즉시 국내법적 효력을 갖지 않는다. 이러한 조약은 국내법 체계 내에서 시행되고 집행되기 위해 추가적인 입법이 필요하다. 자제 집행 조약은 비준 즉시 국내법의 일부가 되어 추가 입법 없이도 직접적인 효력을 가지며 국내 법원에서 집행될 수 있다.

### 3) 행정 협정(Executive Agreements)

행정 협정은 대통령이 외국과 체결하는 국제 협정으로, 상원의 비준이 필요하지 않다. 연방법 및 비준된 조약은 행정 협정보다 우선한다. 행정 협정은 상충하는 주법보다 우선한다.

## C 의회의 제한(Congressional Limits)

Congress holds significant powers to limit and check the executive branch, ensuring a balance of power within the federal government. These checks are essential components of the system of separation of powers designed to prevent any one branch from becoming too powerful.

1) Impeachment

Article II, Section 4 of the Constitution outlines the impeachment process for the President, Vice President, and all civil officers. Grounds for impeachment are treason; bribery; or other high crimes and misdemeanors. The term "high crimes and misdemeanors" is not explicitly defined in the Constitution, leaving its interpretation to the political process within Congress. Historically, it has encompassed abuses of power and misconduct that undermine the integrity of the office.

Impeachment Process:

a) House of Representatives: The House of Representatives has the sole power to impeach, meaning to bring charges against an official. Impeachment requires a majority vote.

For example, the House voted to impeach President Andrew Johnson, President Bill Clinton, and President Donald Trump (twice).

b) Senate: The Senate conducts the trial for an impeached official. A two-thirds vote is necessary to convict and remove the official from office.

For example, President Johnson and President Clinton were acquitted in their Senate trials, and President Trump was acquitted twice.

2) Appropriation

Congress holds the power to control federal spending through appropriations. This serves as a critical check on the executive branch.

Mandated Expenditures: When Congress explicitly mandates the expenditure of funds through appropriations, the President must comply and cannot impound (refuse to spend or delay spending) these funds.

For example, Congress appropriates funds for a specific defense project, and the President cannot unilaterally decide not to spend the money.

3) Legislative Veto

The legislative veto allows Congress to nullify or overturn actions taken by the executive branch without passing a new law, which has been deemed unconstitutional.

의회는 연방 정부 내 권력의 균형을 보장하기 위해 행정부를 제한하고 견제할 수 있는 상당한 권한을 보유하고 있다. 이러한 견제는 어떤 정부 부서도 지나치게 강력해지는 것을 방지하기 위해 설계된 권력 분립 체계의 필수적인 구성 요소이다.

### 1) 탄핵(Impeachment)

헌법 제2조 제4항은 대통령, 부통령 및 모든 공무원에 대한 탄핵 절차를 명시하고 있다. 탄핵 사유는 반역, 뇌물 수수, 기타 중죄 및 경범죄다. "중죄 및 경범죄"라는 용어는 헌법에 명시적으로 정의되어 있지 않으며, 의회 내에서 정치적 과정으로 해석된다. 역사적으로, 이는 직권 남용 및 직무의 무결성을 훼손하는 부정 행위를 포함한다.

탄핵 절차(Impeachment Process)

a) 하원(House of Representatives): 하원은 공무원에 대한 기소를 의미하는 탄핵을 할 수 있는 단독 권한을 가진다. 탄핵에는 과반수 투표가 필요하다.

   예를 들어, 하원은 앤드루 존슨 대통령, 빌 클린턴 대통령, 도널드 트럼프 대통령(두 차례)을 탄핵하기로 투표했다.

b) 상원(Senate): 상원은 탄핵된 공무원에 대한 재판을 실시한다. 공무원을 유죄로 인정하고 해임하려면 3분의 2의 투표가 필요하다.

   예를 들어, 존슨 대통령과 클린턴 대통령은 상원 재판에서 무죄를 선고받았으며, 트럼프 대통령은 두 차례 모두 무죄를 선고받았다.

### 2) 지출승인(Appropriation)

의회는 지출승인을 통해 연방 지출을 통제할 수 있는 권한을 가지고 있다. 이는 행정부에 대한 중요한 견제로 작용한다.

지출 의무화(Mandated Expenditures): 의회가 지출승인을 통해 자금 지출을 명시적으로 의무화할 경우, 대통령은 이를 준수해야 하며 이러한 자금의 지출을 거부하거나 지연할 수 없다.

예를 들어, 의회가 특정 방위 프로젝트에 지출승인을 한 경우, 대통령은 자금을 지출하지 않기로 단독으로 결정할 수 없다.

3) 입법적 거부권(Legislative Veto)

입법적 거부권은 의회가 새로운 법을 제정하지 않고 행정부가 취한 조치를 무효화하거나 번복할 수 있도록 허용하는 것으로, 이는 위헌으로 간주되어 왔다.

## D 행정 특권 및 면책(Executive Privilege and Immunity)

### 1. 행정 특권(Executive Privilege)

Executive privilege is the right of the executive branch to withhold certain confidential communications from the judiciary or Congress, especially those involving national security or sensitive policy-making discussions. It allows the President and high-level executive officials to resist subpoenas and other interventions that might require them to disclose sensitive information.

1) Scope and Application

This privilege specifically applies to communications made in the performance of a President's duties, such as shaping policies and making decisions. Presidential privilege continues beyond an individual president's tenure but is not absolute.

2) Limitation

The Supreme Court ruled that executive privilege is not absolute and does not extend to protect documents relevant to criminal proceedings. Courts generally give more deference to claims of executive privilege in civil cases compared to criminal trials.

The Court ordered President Nixon to turn over tape recordings during the Watergate investigation, setting a precedent for judicial limits on the privilege.[25)]

행정 특권은 행정부가 사법부나 의회에 일정 기밀 통신을, 특히 국가 안보나 민감한 정책 결정 논의와 관련된 내용을 공개하지 않을 권리다. 이는 대통령과 고위 행정부 관리들이 민감한 정보를 공개하도록 요구할 수 있는 소환장 및 기타 개입에 저항할 수 있도록 한다.

### 1) 범위 및 적용(Scope and Application)

행정 특권은 대통령의 업무 수행 중에 이루어진 의사소통, 예를 들어 정책을 형성하고 결정을 내리는 것과 관련된 의사소통에 특히 적용된다. 대통령 특권은 대통령의 임기가 종료된 이후에도 계속되지만, 절대적인 것은 아니다.

### 2) 제한(Limitation)

연방대법원은 행정 특권이 절대적인 것이 아니며, 형사 절차와 관련된 문서를 보호하는 데까지 확장되지 않는다고 판결했다. 법원은 일반적으로 민사 사건에서 형사 재판에 비해 행정 특권을 더 중시하는 경향이 있다.

법원은 워터게이트 사건에서 닉슨 대통령에게 녹음 테이프를 제출하라고 명령하며, 이 특권에 대한 사법적 제한의 선례를 확립했다.

25) United States v. Nixon, 418 U.S. 683 (1974)

## 2. 행정 면책(Executive Immunity)

Executive immunity shields the President and certain executive officials from civil lawsuits and legal liability for official actions taken while in office.

1) Presidential Immunity

The President has absolute immunity from civil damages for official actions taken while in office. This immunity does not extend to actions taken before becoming President or for unofficial acts.

The Supreme Court held that a sitting President does not have immunity from civil litigation for acts done before taking office and unrelated to official duties. This decision allowed a sexual harassment lawsuit against President Clinton to proceed while he was in office.[26)]

2) Qualified Immunity

Other executive officials, such as cabinet members and senior advisors, generally have qualified immunity, protecting them from liability for actions performed in their official capacity unless they violate clearly established law or constitutional rights.

행정 면책은 대통령 및 일부 행정부 관리들이 재임 중에 수행한 공식 행위에 대한 민사 소송과 법적 책임으로부터 보호받도록 하고 있다.

### 1) 대통령 면책(Presidential Immunity)

대통령은 재임 중 대통령직을 수행하면서 한 행위에 대해 민사 손해배상으로부터 절대적인 면책을 가진다. 이 면책은 대통령이 되기 전에 취한 행위나 대통령직의 수행과 관련 없는 행위에는 적용되지 않는다.

26) Clinton v. Jones, 520 U.S. 681 (1997)

연방대법원은 재임 중이더라도 대통령이 취임 전에 행한 행위나 공식 임무와 관련이 없는 행위에 대해서는 민사 소송의 면책이 없다고 판결했다. 이 결정은 클린턴 대통령이 재임 중일 때 성희롱 소송이 진행될 수 있도록 허용했다.

### 2) 제한적 면책(Qualified Immunity)

내각 구성원과 수석 고문과 같은 기타 행정부 관리들은 일반적으로 제한적 면책을 받으며, 명확히 확립된 법률이나 헌법상의 권리를 위반하지 않는 한 공식 직무 수행에 대한 책임으로부터 보호받는다.

# V | 연방제(THE FEDERAL SYSTEM)

The United States operates under a federal system of government, which means that power is divided between a national (federal) government and individual state governments. This division of authority is established and defined by the U.S. Constitution, with specific powers granted to the federal government, reserved powers to the states, and shared or concurrent powers.

미국은 연방제 정부 체제 하에서 운영되며, 이는 권력이 국가(연방) 정부와 개별 주 정부 간에 분할된다는 것을 의미한다. 이러한 권한 분할은 미국 헌법에 의해 확립되고 정의되며, 연방 정부에 부여된 특정 권한, 주의 권한 및 공유 또는 동시 권한을 포함한다.

## A 연방 및 주의 권한(Federal and State Powers)

The United States operates under a federal system where both the federal and state governments possess distinct powers, while also sharing authority in certain areas. This dual system of governance serves as a check on governmental power and maintains a balance between national and local interests.

미국은 연방제를 운영하고 있어, 연방 정부와 주 정부가 각기 다른 권한을 보유하는 동시에 특정 분야에서는 권한을 공유한다. 이러한 이중적인 통치 체계는 정부 권력을 견제하고 국가와 지역의 이익 사이의 균형을 유지하는 역할을 한다.

이 이중적 체계는 권력의 분산을 통해 중앙 정부가 지나치게 강력해지는 것을 방지하고, 주 정부가 지역의 필요와 선호에 따라 정책을 조정할 수 있도록 한다. 동시에, 연방 정부는 국가 차원의 문제를 해결하고, 주 간의 불일치를 조정하며, 국가적 통일성을 유지할 수 있는 권한을 가진다. 이러한 구조는 정부가 다양한 이해 관계자의 요구에 대응할 수 있도록 돕고, 민주적 원칙을 강화한다.

## 1. 독점적 연방의 권한(Exclusive Federal Powers)

The Constitution explicitly and implicitly grants certain powers exclusively to the federal government. These powers reflect areas of national importance where a unified approach is necessary.

Examples of Exclusive Federal Powers:

1) Coining Money

   Article I, Section 8 grants Congress the power to coin money and regulate its value. States are prohibited from issuing their own currency, ensuring a uniform national monetary system.

2) Treaty Power

   Article II, Section 2 gives the President the power to make treaties with the advice and consent of the Senate. States cannot enter into treaties with foreign nations, preserving national sovereignty in foreign affairs.

3) Declaring War

   Article I, Section 8 grants Congress the power to declare war. States cannot independently engage in war, maintaining national control over military actions.

4) Citizenship

   The federal government has the power to establish a uniform rule of naturalization (Article I, Section 8). States cannot independently determine citizenship criteria, ensuring a consistent national standard.

헌법은 명시적 및 묵시적으로 특정 권한을 연방 정부에 독점적으로 부여한다. 이러한 권한은 국가적 중요성을 지닌 분야로, 통일된 접근이 필요한 영역을 반영하고 있다.

독점적 연방 정부의 권한 예시(Examples of Exclusive Federal Powers)

1) 화폐 주조(Coining Money)

헌법 제1조 제8항은 의회에 화폐를 주조하고 그 가치를 규제할 권한을 부여하고 있다. 주는 자체 화폐를 발행하는 것이 금지되어 있다. 이것은 통일된 국가 통화 시스템을 보장하는 것이다.

2) 조약 권한(Treaty Power)

헌법 제2조 제2항은 상원의 조언과 동의를 얻어 대통령이 조약을 체결할 수 있는 권한을 부여하고 있다. 주는 외국과 조약을 체결할 수 없으며, 이는 외교 업무에서 국가 주권을 보존할 수 있게 하는 것이다.

3) 전쟁 선포(Declaring War)

헌법 제1조 제8항은 의회에 전쟁을 선포할 권한을 부여하고 있다. 주는 독립적으로 전쟁에 참여할 수 없으며, 이는 군사 행동에 대한 국가적 통제를 유지하기 위한 것이다.

4) 시민권(Citizenship)

연방 정부는 귀화의 균일한 규칙을 수립할 권한을 가진다(헌법 제1조 제8항). 주는 독립적으로 시민권의 기준을 결정할 수 없다. 이것은 시민권에 대한 일관된 국가의 기준을 보장하는 것이다.

## 2. 독점적 주의 권한(Exclusive State Powers)

The Tenth Amendment reserves powers not delegated to the federal government to the states or the people. This provision grants states authority over areas not specifically addressed by the federal government.

Examples of Exclusive State Powers:

1) Police Power

States have the authority to regulate for public health, safety, welfare, and morals. For example, state criminal laws, public health regulations, and zoning laws.

2) Intrastate Commerce

Regulation of commerce that occurs entirely within a state's borders. For example, licensing and regulation of businesses operating solely within a state.

3) Education

States have primary responsibility for public education systems. For example, establishing curriculum standards and funding public schools.

수정헌법 제10조는 연방 정부에 위임되지 않은 권한을 주 또는 국민에게 유보한다. 이 조항은 연방 정부에 의해 구체적으로 다루어지지 않은 분야에 대해 주에게 권한을 부여하는 것이다.

독점적 주 정부의 권한 예시(Examples of Exclusive State Powers)

1) 경찰권(Police Power)

주는 공중 보건, 안전, 복지 및 도덕을 규제할 권한을 가진다. 예를 들어, 주 형법, 공중 보건 규정 및 토지용도지정법 등이 있다.

#### 2) 주내 상업(Intrastate Commerce)

주는 주 경계 내에서 전적으로 발생하는 상업을 규제할 권한을 가진다. 예를 들어, 주 내에서만 운영되는 사업체의 허가 및 규제가 있다.

#### 3) 교육(Education)

주는 공교육 시스템에 대한 주요 책임을 지고 있다. 예를 들어, 교육과정 기준을 수립하고 공립학교에 자금을 지원하는 것이 있다.

### 3. 연방과 주의 동시적 권한(Concurrent Federal and State Powers)

In many areas, both federal and state governments have the authority to legislate, leading to potential conflicts between state and federal laws. The Supremacy Clause resolves these conflicts.

많은 분야에서 연방 정부와 주 정부 모두 법을 제정할 권한을 가지며, 이는 주법과 연방법 간의 잠재적인 충돌을 초래할 수 있다. 이러한 충돌은 우위 조항(Supremacy Clause)을 통해 해결된다.

우위 조항은 헌법 및 연방법이 국가의 최고 법률로서, 상충되는 주법보다 우선함을 명시한다. 따라서 연방법과 주법이 충돌할 경우, 연방법이 주법을 무효화하거나 무력화한다. 이는 국가적 통일성과 일관성을 유지하고, 주가 연방 정부의 권한을 침해하지 않도록 하기 위한 것이다.

## B 상호 면책(Intergovernmental Immunities)

Intergovernmental immunities refer to the principles governing the interactions and legal boundaries between the federal and state governments in the United States. These principles determine when and how the federal and state governments can regulate or tax each other.

상호 면책은 미국에서 연방 정부와 주 정부 간의 상호작용 및 법적 경계를 규율하는 원칙을 말한다. 이러한 원칙은 연방 정부와 주 정부가 언제, 어떻게 서로를 규제하거나 과세할 수 있는지를 결정한다.

이러한 상호 면책 원칙은 미국의 연방 체계에서 연방 정부와 주 정부 간의 균형을 유지하고, 각 정부가 그들의 고유한 역할을 효과적으로 수행할 수 있도록 돕는다. 이로 인해 국가의 통일성과 다양성을 동시에 보장하며, 연방주의의 핵심 가치인 분권을 실현한다.

### 1. 연방 면책(Federal Immunity)

1) Regulation by the States

States have no authority to regulate the federal government unless Congress explicitly permits such regulation or if the regulation does not conflict with federal policy.

States cannot impose their wage-and-hour laws on federal offices within their borders unless allowed by Congress.

2) Taxation by the States

The federal government and its instrumentalities are immune from state taxation.

States cannot tax federal entities, such as a national bank.[27] However, states can impose indirect taxes that do not unreasonably burden the federal government, such as state income taxes (federal employees may be subject to state income taxes).

1) 주의 규제(Regulation by the States)

주 정부는 의회가 명시적으로 연방 정부에 대한 규제를 허용하거나 연방 정부에 대한 규제가 연방 정책과 충돌하지 않는 경우를 제외하고는 연방 정부를 규제할 권한이 없다.

주는 의회가 허용하지 않는 한, 주 내의 연방 기관에 대해 주의 임금 및 근로시간 법을 적용할 수 없다.

2) 주의 과세(Taxation by the States)

연방 정부와 연방 정부의 기관들은 주의 과세로부터 면책된다.

주는 연방 기관(예: 국립 은행)에 세금을 부과할 수 없다. 그러나 주는 연방 정부에 과도한 부담을 주지 않는 간접세를 부과할 수 있다. 예를 들어, 연방 공무원은 주 소득세의 대상이 될 수 있다.

## 2. 주 면책(State Immunity)

1) Federal Regulation

a) Congressional Action

The federal government holds extensive power to regulate states, primarily through its enumerated powers and the Amendments. For example, a federal minimum wage and overtime statute enacted under the commerce power can be applied to state employees.

27) McCulloch v. Maryland, 17 U.S. 316 (1819)

Commandeering limitation: Congress cannot require states to enforce federal laws or regulatory programs. For example, Congress cannot force state officials to implement federal gun control measures. Congress cannot compel states to take title to radioactive waste as part of a federal regulatory scheme.

Congress can use financial incentives to encourage states to take certain actions. For example, it is allowed that Congress conditions federal highway funds on states raising their drinking age to 21.

b) Judicial Action

Federal courts have broad powers to remedy constitutional violations, including ordering states to levy taxes to fund remedies.

State legislators are immune from suits for damages and injunctive relief for actions within their legitimate legislative functions.

2) Federal Taxation

States are generally not immune from federal taxes unless the tax interferes with essential governmental functions. The Supreme Court held that a federal tax on the profits from a state liquor dispensary did not violate state sovereignty because the operation of the dispensary was a business activity rather than an essential government function.

3) Litigation Involving the United States and Its Officers

Suits Against the United States: A state needs the consent of the United States to bring a lawsuit against it, while the federal government can sue states without consent.

Suits Against Federal Officers: Generally barred if they seek to recover money from the U.S. Treasury. However, officers can be sued personally for actions outside their official duties. For example, a federal officer acting beyond their authority could be subject to a personal lawsuit.

### 1) 연방 규제(Federal Regulation)

#### a) 의회의 조치(Congressional Action)

연방 정부는 주를 규제할 수 있는 광범위한 권한을 가지고 있으며, 주로 열거된 권한과 수정헌법을 통해 이 권한을 행사한다. 예를 들어, 상거래 권한(commerce power)에 따라 제정된 연방 최저임금 및 초과근무 수당 법령은 주 직원에게 적용될 수 있다.

강제집행 제한(Commandeering limitation): 연방 의회는 주 정부가 연방 법률이나 규제 프로그램을 집행하도록 강제할 수 없다. 예를 들어, 의회는 주 공무원에게 연방 총기 규제 조치를 시행하도록 강요할 수 없다. 또한, 의회는 주에게 연방 규제 계획의 일환으로 방사성 폐기물의 소유권을 넘기도록 강제할 수 없다.

의회는 특정 행위를 장려하기 위해 재정적 인센티브를 사용할 수는 있다. 예를 들어, 의회가 연방 고속도로 기금을 주가 음주 연령을 21세로 올리는 것에 조건으로 부여하는 것은 허용된다.

#### b) 사법적 조치(Judicial Action)

연방 법원은 주에게 세금을 부과하여 구제책을 마련하도록 명령하는 것을 포함하여 헌법 위반을 시정할 수 있는 광범위한 권한을 가지고 있다.

주 입법자는 정당한 입법 기능 내에서의 행위에 대해 손해배상 및 금지 명령에 대한 소송으로부터 면책된다.

### 2) 연방 과세(Federal Taxation)

주 정부는 일반적으로 본질적인 정부 기능을 방해하지 않는 한 연방 세금에서 면제되지 않는다. 연방대법원은 주의 주류 판매소의 이익에 대한 연방 세금이 주의 주권을 침해하지 않는다고 판결했는데, 이는 판매소의 운영이 본질적인 정부 기능이 아닌 상업 활동이었기 때문이다.

#### 3) 미국 및 연방 공무원이 관련된 소송 (Litigation Involving the United States and Its Officers)

미국에 대한 소송(Suits Against the United States): 주는 미국 즉 연방에 소송을 제기하려면 연방의 동의가 필요하지만, 연방 정부는 동의 없이 주를 상대로 소송을 제기할 수 있다.

연방 공무원에 대한 소송(Suits Against Federal Officers): 일반적으로 연방의 재정으로부터 돈을 회수하려는 경우 금지된다. 그러나 공무원이 공식 임무 외의 행위를 할 경우 개인적으로 소송을 당할 수 있다. 예를 들어, 연방 공무원이 권한을 넘어 행위를 하면 개인 소송의 대상이 될 수 있다.

## C 휴면상거래 조항(The Dormant Commerce Clause)

The Dormant Commerce Clause is a legal doctrine inferred from the Commerce Clause of the Constitution. While the Commerce Clause grants Congress the power to regulate interstate commerce, the Dormant Commerce Clause limits states from passing legislation that discriminates against or unduly burdens interstate commerce. This doctrine is sometimes referred to as the negative implication of the commerce clause. It serves as a check on state power to ensure a unified national market.

1) General Rule

If Congress has not enacted legislation in a particular area of interstate commerce, states may regulate as long as if the regulation does not (1) discriminate against out-of-state commerce and (2) unduly burden interstate commerce. If either test is not met, the regulation will be void for violating the Commerce Clause.

2) Discrimination Against Out-of-State Commerce

A state regulation discriminates against out-of-state commerce if it favors local economic interests at the expense of out-of-state competitors.

Exceptions:

a) Necessary to Important State Interest: A discriminatory regulation may be upheld if (1) it serves an important local interest and (2) no other nondiscriminatory means can achieve that purpose.

The Supreme Court upheld a Maine law prohibiting the importation of out-of-state baitfish due to the potential environmental threat posed to local waters.

b) Market-Participant: When a state acts as a market participant (e.g., buyer or seller), it can favor its own citizens. Unlike when it acts as a market regulator, the state may engage in actions similar to private businesses.

For example, South Dakota, operating a state-owned cement plant, could sell cement only to in-state buyers during a shortage.

c) Congressional Permit: Congress may explicitly permit states to engage in activities that would otherwise violate the Dormant Commerce Clause.

3) Undue Burden on Interstate Commerce

A state law that is not discriminatory can still be unconstitutional if it imposes an undue burden on interstate commerce. Courts use a balancing test to assess whether the burden outweighs the state's interest in enforcing the regulation.

Balancing Test: Evaluate the state's objective against the burden on interstate commerce. If the burden outweighs the benefits, the law is struck down.

For example, Arizona's law requiring cantaloupes grown in the state to be packaged there was struck down because the burden on interstate commerce outweighed the state interest.[28)]

Illinois passed a law requiring all commercial trucks passing through its borders to have curved mudguards on their rear wheels. The Illinois law was unconstitutional because changing mudguards according to state law constituted an excessive burden on interstate commerce.[29)]

휴면상거래 조항은 헌법의 상거래 조항에서 유추되는 법리이다. 상거래 조항이 의회에 주간 상거래를 규제할 권한을 부여하는 반면, 휴면상거래 조항은 주가 주간 상거래를 차별하거나 과도한 부담을 주는 입법을 통과시키지 못하도록 제한한다. 이 법리는 통일된 국가 상거래를 보장하기 위해 주 권력을 견제하는 역할을 한다.

#### 1) 일반 규칙(General Rule)

만약 의회가 주간 상거래 분야 중 어느 분야에 입법을 하지 않았다면, 주는 다음의 두 가지 조건을 충족하면 규제를 할 수 있다. 즉 (1) 타주 상거래를 차별하지 않고 (2) 주간 상거래에 과도한 부담을 주지 않아야 한다. 이 두 가지 테스트 중 하나라도 충족되지 않으면 해당 규제는 상거래 조항을 위반한 것으로 간주되고 위헌이 되어 무효가 된다.

#### 2) 타주 상거래에 대한 차별

주 규제가 타주 경쟁자의 비용으로 지역 경제 이익을 우대할 경우, 타주 상거래를 차별하는 것으로 간주된다.

---

28) Pike v. Bruce Church, Inc., 397 U.S. 137 (1970)

29) Bibb, Director, Dept. of Public Safety of Illinois v. Navajo Freight Lines, Inc., 359 U.S. 520 (1959)

타주 상거래에 대한 차별의 예외(Exceptions)

a) 중요한 주 이익을 위한 필요성(Necessary to Important State Interest): 차별적 규제가 (1) 중요한 지역 이익에 부합하고 (2) 그 목적을 달성할 수 있는 다른 비차별적 수단이 없는 경우 합헌이 될 수 있다.

   연방대법원은 타주에서 온 미끼 물고기가 지역 수역에 잠재적인 환경적 위협을 가할 수 있다는 이유로 타주 미끼 물고기의 수입을 금지한 메인 주법을 합헌으로 결정했다.

b) 시장 참가자(Market-Participant): 주가 시장 참가자(예: 구매자 또는 판매자)로 행위를 할 때, 주 내 시민을 우대할 수 있다. 시장 규제자로 행위할 때와 달리, 주는 사기업과 유사한 행위를 할 수가 있는 것이다.

   예를 들어, 사우스다코타주는 주 소유 시멘트 공장을 운영하면서 공급 부족 시에 주 내 구매자에게만 시멘트를 판매할 수 있다.

c) 의회의 허가(Congressional Permit): 의회는 주가 휴면상거래 조항을 위반할 수 있는 활동에 참여하도록 명시적으로 허용할 수 있다.

### 3) 주간 상거래에 대한 부당한 부담(Undue Burden on Interstate Commerce)

차별적이지 않은 주법이라도 주간 상거래에 부당한 부담을 가하면 위헌이 될 수 있다. 법원은 주간 상거래에 대한 부담이 주 규제의 집행에 대한 주의 이익보다 큰지를 평가하기 위해 비교형량테스트를 사용한다.

비교형량테스트(Balancing Test): 주의 목적을 주간 상거래에 대한 부담과 비교 평가한다. 부담이 이익을 초과하면 해당 법은 위헌이 된다.

예를 들어, 애리조나주의 법이 주 내에서 재배된 캔털루프를 그곳에서 포장하도록 요구하였는데 위헌이 되었다. 이는 주간 상거래에 대한 부담이 주의 이익보다 컸기 때문이다.

일리노이주는 상업용 트럭이 주 경계를 통과할 때 뒷바퀴에 곡선형 머드가드를 장착하도록 요구하는 법을 통과시켰다. 이 법은 주법에 따라 머드

가드를 교체하는 것이 주간 상거래에 부당한 부담을 준다는 이유로 위헌 판결을 받았다.

## D 연방 우선(Federal Preemption)

Federal preemption is a legal doctrine rooted in the Supremacy Clause of the Constitution (Article VI, Clause 2), which establishes that the Constitution and federal laws are the "supreme Law of the Land." This means that federal law takes precedence over conflicting state laws.

연방 우선은 헌법 제6조 제2항의 우위 조항(Supremacy Clause)에 근거한 법 원칙으로, 헌법과 연방법이 "국가의 최고 법률"이라는 것을 말한다. 이는 연방법이 상충하는 주법보다 우선한다는 것을 의미한다.

### 1. 명시적 우선(Express Preemption)

Express preemption occurs when Congress explicitly states that federal law preempts state law in a specific area. Express preemption must be narrowly construed to avoid unnecessarily invalidating state laws.

The Federal Cigarette Labeling and Advertising Act preempts state laws regulating cigarette labeling or advertising related to smoking and health (15 U.S.C. § 1334). It includes express preemption language that limits state authority to regulate cigarette labeling and advertising related to smoking and health.

명시적 우선은 의회가 특정 분야에서 연방법이 주법에 우선한다고 명시적으로 선언할 때 발생한다. 명시적 우선은 주법을 불필요하게 무효화하지 않도록 좁게 해석되어야 한다.

연방 담배 라벨링 및 광고 법(Federal Cigarette Labeling and Advertising Act)은 흡연과 건강과 관련된 담배 라벨링이나 광고를 규제하는 주법에 우선한다(15 U.S.C. § 1334). 이 법은 흡연 및 건강과 관련된 담배 라벨링과 광고를 규제하는 주 권한을 제한하는 명시적 우선을 나타내는 문구를 포함하고 있다.

명시적 우선은 연방 규제가 필수적인 영역에서 국가적 통일성을 보장하고, 주법과 연방법 간의 충돌을 명확히 해결하는 데 중요한 역할을 한다.

## 2. 묵시적 우선(Implied Preemption)

Implied preemption occurs when congressional intent to preempt state law is not explicit but inferred from the structure and purpose of federal legislation.

Field preemption occurs when federal regulation is so comprehensive that it occupies an entire field, leaving no room for state regulation. For example, a federal alien registration law preempted state laws in the same field, indicating Congress's intent to fully occupy the area of alien registration. Federal immigration law is so comprehensive that courts often find field preemption, preventing states from enacting their own immigration policies.

Conflict preemption arises when it is impossible to comply with both federal and state laws or when state law stands as an obstacle to the objectives of federal law. For example, if a state law requires actions that a federal law prohibits, or vice versa, conflict preemption will apply.

If Congress does not intend to fully occupy a field, states may enact laws in the same area as long as they do not conflict with federal law. For example, states can enact anti-discrimination laws more stringent than federal laws.

묵시적 우선은 의회가 주법에 우선하는 의도가 명시적이지 않지만, 연방법의 구조와 목적에서 유추되는 경우 발생한다.

분야 우선(field preemption)은 연방 규제가 너무 포괄적이어서 특정 분야를 완전히 점유하여 주 규제의 여지가 없는 경우를 말한다. 예를 들어, 연방 외국인 등록법은 동일 분야의 주법을 대체하여, 외국인 등록 영역을 완전히 차지하려는 의회의 의도가 나타나 있다. 이는 연방 정부가 외국인 등록에 대한 모든 권한을 차지하고 있음을 의미한다.

상충 우선(conflict preemption)은 연방법과 주법을 동시에 준수하는 것이 불가능하거나, 주법이 연방법의 목적을 방해하는 경우에 발생한다. 예를 들어, 주법이 연방법의 실행을 방해하거나 저해하는 경우, 연방법이 우선하게 된다.

의회가 특정 분야를 완전히 점유할 의도가 없는 경우에는 주 정부는 연방법과 충돌하지 않는 선에서 동일한 분야에서 법을 제정할 수 있다. 예를 들어, 주 정부는 연방법보다 더 엄격한 차별 금지법을 제정할 수 있다. 또한 주는 연방법상의 환경 기준보다 더 엄격한 기준을 적용할 수 있다. 이는 연방법이 주법을 명시적으로 우선하지 않는 한, 주가 독자적으로 연방법의 기준을 초과하는 규제를 시행할 수 있다는 것을 의미한다.

## E 주간 협정(Interstate Compacts)

An interstate compact is an agreement between two or more states that is similar to a treaty or contract. These compacts are often used to address issues that cross state lines, such as resource management, transportation, and environmental protection.

Article I, Section 10, Clause 3 (Interstate Compact Clause) of the Constitution allows states to enter into agreements with each other, but requires congressional consent for any compact that affects federal powers or alters the political balance within the federal system. Agreements on matters not involving federal interests or that do not alter state-federal relations typically do not require congressional approval.

주간 협정은 두 개 이상의 주 간에 체결되는 협정으로, 조약이나 계약과 유사하다. 이러한 협정은 자원 관리, 교통, 환경 보호 등 주 경계를 넘나드는 문제를 해결하는 데 종종 사용된다.

헌법 제1조 제10항 제3절(주간 협정 조항)은 주들이 상호 간에 협정을 체결할 수 있도록 허용하되, 연방 권한에 영향을 미치거나 연방 시스템 내 정치적 균형을 변경하는 협정에 대해서는 의회의 동의를 요구하고 있다. 연방 이해 관계에 관련되지 않거나 주와 연방 관계를 변경하지 않는 문제에 관한 협정은 일반적으로 의회의 승인을 필요로 하지 않는다.

주간 협정은 주 간 협력을 촉진하고, 국가적 차원의 문제를 해결하며, 연방주의 원칙을 존중하면서도 주의 자율성을 강화하는 것이다.

## F 전면적 신뢰 및 인정(Full Faith and Credit)

The Full Faith and Credit Clause requires states to recognize and enforce the public acts, records, and judicial proceedings of every other state. This clause ensures consistency and legal continuity across state lines.

States must recognize and enforce valid judgments from courts in other states. This principle promotes legal uniformity and respect for judicial decisions nationwide.

Requirements for Full Faith and Credit:

1) Jurisdiction: The court that rendered the judgment must have had proper jurisdiction over the parties and the subject matter.

2) On the Merits: The judgment must be on the merits, meaning it was a substantive decision on the rights and obligations of the parties, not merely a procedural ruling. For example, a court decision dismissing a case for lack of jurisdiction would not be entitled to full faith and credit because it was not a decision on the merits.

3) Final Judgment: The judgment must be final, with no pending appeals or further proceedings.

전면적 신뢰 및 인정 조항은 주들이 다른 주의 공적 행위, 기록 및 사법 절차를 인정하고 집행하도록 요구한다. 이 조항은 주 경계를 넘어 일관성과 법적 연속성을 보장한다.

주들은 타 주 법원에서 나온 유효한 판결을 인정하고 집행해야 한다. 이는 전국적으로 법적 통일성과 사법 결정에 대한 존중을 하는 것이다.

전면적 신뢰 및 인정의 요건(Requirements for Full Faith and Credit)

1) **관할권(Jurisdiction):** 판결을 내린 법원은 당사자와 사건에 대해 적절한 관할권을 가져야 한다.

2) **실체적 판결(On the Merits):** 판결은 실체적 판결이어야 하며, 이는 절차적 결정이 아니라 당사자의 권리와 의무에 대한 실체적 결정이어야 한다. 예를 들어, 관할권 결여로 사건이 기각된 법원의 결정은 실체적 판결이 아니기 때문에 전면적 신뢰 및 인정을 받을 수가 없다.

3) **최종 판결(Final Judgment):** 판결은 최종적이어야 하며, 항소나 추가적인 절차가 진행중이어서는 안 된다.

전면적 신뢰 및 인정 조항은 미국의 주 간 법적 상호작용을 원활하게 하고, 각 주가 연방 시스템 내에서 상호 협력하고 존중할 수 있도록 돕는다. 이를 통해 주간 법적 갈등을 최소화하고, 전국적으로 법적 안정성을 유지할 수 있다.

## G 특권 및 면책 조항(Privileges and Immunities Clauses)

The Privileges and Immunities Clauses of the Constitution are designed to prevent states from discriminating against citizens of other states and to protect certain fundamental rights. These clauses are found in two separate provisions: Article IV and the Fourteenth Amendment.

헌법의 특권과 면책 조항은 주들이 타주 시민들을 차별하는 것을 방지하고, 특정 기본권을 보호하기 위해 마련되었다. 이 조항들은 두 개의 별도 조항에 포함되어 있으며, 각각 헌법 제4조(Article IV)와 수정헌법 제14조(Fourteenth Amendment)에 위치해 있다.

### 1. 제4조의 특권 및 면책(Privileges and Immunities under Article IV)

Article IV, Section 2, referred to the Comity Clause, provides that "the citizens of each state shall be entitled to all privileges and immunities of citizens in the several states."

States are prohibited from discriminating against citizens of other states. This clause applies only to natural persons, not corporations or aliens. The Comity Clause protects nonresident citizens from discrimination in relation to fundamental rights or essential activities.

For example, states cannot prevent nonresidents from working within their borders without a substantial justification. Nonresidents must be allowed to buy and sell property in a state on equal terms with residents. Nonresidents should have the same access to legal redress as residents. Discriminatory fees for commercial activities, such as a fishing license, violate the clause if there is no substantial justification.

Note: When analyzing legal issues involving state discrimination against nonresidents, consider both the Privileges and Immunities Clause of Article IV and the Commerce Clause.

상호인정 조항(Comity Clause)으로 불리는 헌법 제4조 제2항은 "각 주의 시민은 여러 주의 시민이 누리는 모든 특권과 면책을 받을 권리가 있다"고 규정하고 있다.

주는 다른 주의 시민에 대해 차별할 수 없다. 이 조항은 법인이나 외국인이 아닌 자연인에게만 적용된다. 상호인정 조항은 비거주 시민을 기본적 권리나 필수적 활동과 관련된 차별로부터 보호하는 것이다.

예를 들어, 주는 충분한 정당성이 없는 한 비거주자가 그 주 내에서 일하는 것을 막을 수 없다. 비거주자는 주민과 동일한 조건으로 주 내에서 재산을 매매할 수 있어야 한다. 비거주자는 주민과 동일하게 법적 구제에 접근할 수 있어야 한다. 낚시 면허와 같은 상업 활동에 대한 차별적 수수료는 충분한 정당성이 없는 한 상호인정 조항을 위반하게 된다.

참고: 비거주자에 대한 주의 차별과 관련된 법적 문제를 분석할 때, 헌법 제4조의 특권 및 면책 조항과 상거래 조항을 모두 고려해야 한다.

## 2. 제14조의 특권 및 면책 (Privileges and Immunities under Fourteenth Amendment)

The Fourteenth Amendment's Privileges or Immunities Clause provides that no state shall abridge the privileges or immunities of citizens of the United States. This clause is focused on protecting rights associated with national citizenship.

The clause safeguards citizens from state actions that infringe upon national citizenship rights. It does not extend to corporations.

This clause is seldom successfully invoked under the limiting interpretation of the Slaughterhouse Cases.[30] The rights that the clause provides are redundant to rights provided elsewhere in the Constitution. The Fourteenth Amendment's Privileges and Immunities Clause has primarily been used to uphold the right to travel.[31]

For example, a California statute provided that citizens who had lived in California for less than one year could receive only the benefits they would have received in their prior state of residence. The Supreme Court invalidated the residency requirement, ruling that it violated the Privileges and Immunities Clause. The Court recognized the right to travel as a fundamental right, protected by the clause, and the right to travel includes the right to be treated equally in a new state of residence.

수정헌법 제14조의 특권 및 면책 조항은 어떠한 주도 미국 시민의 특권이나 면책을 침해해서는 안 된다고 규정한다. 이 조항은 국가 시민권과 관련된 권리를 보호하는 데 중점을 둔다.

이 조항은 주가 국가 시민권과 관련된 권리를 침해하는 것으로부터 시민을 보호한다. 법인에는 적용되지 않는다.

이 조항은 Slaughterhouse Cases에서의 제한적 해석에 따라 적용되는 경우가 드물다. 이 조항이 제공하는 권리는 헌법의 다른 부분에서 제공하는 권리와 중복되고 있기 때문이다. 수정헌법 제14조의 특권 및 면책 조항은 주로 여행의 권리를 지지하는 데 사용되어 왔다.

예를 들어, 캘리포니아주의 한 법률은 캘리포니아에 1년 미만 거주한 시민은 이전 거주 주에서 받을 수 있는 혜택만 받을 수 있도록 규정했다. 연방대법원은 이

30) Slaughterhouse Cases, 83 U.S. 36 (1873)

31) Saenz v. Roe, 526 U.S. 489 (1999)

거주 요건이 특권 및 면책 조항을 위반한다고 판결하여 무효화했다. 법원은 이동의 권리를 기본 권리로 인정하였고, 여행의 권리에는 새로운 거주 주에서 동등하게 대우받을 권리가 포함된다고 보았다.

# VI | 개인의 권리 소개 (INTRODUCTION TO INDIVIDUAL RIGHTS)

## A 정부 행위(State Action)

### 1. 일반 규칙(General Rule)

The State Action Doctrine is a principle in constitutional law that requires a connection between the government and a challenged action for constitutional protections to apply. This doctrine distinguishes between actions taken by the state and private conduct, ensuring that the Constitution primarily regulates governmental conduct rather than private behavior.

The Constitution applies to all levels of government (federal, state, or local) and also applies to actions of government employees. The Constitution generally protects against wrongful conduct by government rather than private individuals, with some exceptions.

정부 행위는 헌법적 보호가 적용되기 위해 정부와 위헌 여부가 문제가 된 행위 사이의 연관성을 요구하는 헌법의 원칙이다. 이 원칙은 정부의 행위와 사인의 행위를 구별하여 헌법이 주로 사인의 행위보다는 정부의 행위를 규제하도록 한다.

헌법은 모든 수준의 정부(연방, 주 또는 지방)에 적용되며 공무원의 행위에도 적용된다. 일반적으로 헌법은 개인이 아닌 정부의 부당한 행위로부터 보호하지만, 일부 예외가 존재한다.

## 2. 전통적 정부 기능 예외(Traditional Governmental Function Exception)

State action can be attributed to private parties when they perform activities traditionally and exclusively carried out by the state.

1) State Action

Company Town: When a private entity governs a town, providing all the municipal functions typically handled by a government, its actions are treated as state actions. The Court held that a company town had to respect the First Amendment rights of individuals on its streets, as it was performing municipal functions.

2) Non-State Action

Operating a shopping center open to the public is not considered a municipal function, so it is not treated as a state actor. For example, a shopping mall was not required to allow picketing on its private sidewalks as it did not assume municipal functions.

Merely providing a service that the government could offer does not make a provider a state actor.

사인이 전통적이고 독점적으로 국가가 수행하는 활동을 수행할 때 정부 행위로 간주될 수 있다.

### 1) 정부 행위(State Action)

기업 도시(Company Town): 사기업이 도시를 관리하며, 정부가 일반적으로 수행하는 모든 기능을 제공할 경우, 사기업의 행위는 정부 행위로 간주된다. 법원은 기업 도시가 시 기능을 수행하고 있는 만큼 거리에서 개인의 수정헌법 제1조의 권리를 존중해야 한다고 판결했다.

### 2) 비정부 행위(Non-State Action)

대중에 대한 개방된 쇼핑센터 운영은 시 기능으로 간주되지 않기 때문에 정부 행위로 간주되지 않는다. 예를 들어, 쇼핑몰은 시 기능을 수행하지 않기 때문에 개인 소유의 인도에서 피켓 시위를 허용할 필요가 없다.

정부가 제공할 수 있는 서비스를 제공하는 것만으로는 제공자를 정부 행위자로 만들지 않는다.

### 3. 상당한 주 관여 예외 (Significant State Involvement (Entanglement) Exception)

State action may also be found when there is significant or substantial involvement by the state in private conduct.

1) State Action

Joint Ventures: If the government and a private party are engaged in a joint venture where their actions are intertwined, state action may be found.

Mutual Benefit: Actions of private parties and the government that are so intertwined that they result in mutual benefit may constitute state action.

Facilitation or Encouragement: State action exists if the state affirmatively facilitates, encourages, or authorizes private conduct.

2) Non-State Action (Insufficient State Involvement)

Licensing and Regulation: Mere licensing or regulation of private parties by the government does not constitute state action.

Monopolies and Regulation: Even if the government regulates or grants a monopoly to a business, such as a utility company, it does not necessarily involve state action.

Government Funding: Receiving government funds or being regulated does not by itself transform a private entity into a state actor. For example, private schools receiving federal funds are not state actors.

사인의 행위에 주가 상당하거나 실질적으로 관여한 경우에도 정부 행위가 있을 수 있다.

### 1) 정부 행위(State Action)

합작기업(Joint Ventures): 정부와 사인이 합작기업에 참여하여 그들의 행위가 얽혀 있는 경우, 정부 행위가 될 수 있다.

상호 이익(Mutual Benefit): 사인과 정부의 행위가 얽혀 있어 상호 이익이 발생할 경우 정부 행위가 될 수 있다.

촉진 또는 장려(Facilitation or Encouragement): 주가 사인의 행위를 적극적으로 촉진, 장려 또는 승인하면 정부 행위가 존재하게 된다.

### 2) 비정부 행위 (불충분한 정부 관여)

허가 및 규제(Licensing and Regulation): 정부의 사인에 대한 단순한 허가나 규제는 정부 행위를 구성하지 않는다.

독점 및 규제(Monopolies and Regulation): 정부가 사업체, 예를 들어 공익 기업에 독점을 규제하거나 부여하더라도 반드시 정부 행위가 포함되는 것은 아니다.

정부 자금 지원(Government Funding): 정부 자금을 받거나 규제되는 것만으로는 사인을 정부 행위자로 변환하지 않는다. 예를 들어, 연방 자금을 받는 사립 학교는 정부 행위자가 아니다.

## 4. 수정헌법 제13조 예외(Thirteenth Amendment Exception)

Unlike other Amendments, the Thirteenth Amendment is not limited to government action. It applies universally, prohibiting both public and private acts of slavery and involuntary servitude.

Prohibition of Housing Discrimination: The Thirteenth Amendment has been used to justify federal laws prohibiting private parties from refusing to rent or sell housing to racial minorities, addressing discrimination as a vestige of slavery.

Prohibition of Educational Discrimination: Federal statutes may prevent private schools from discriminating against non-white children in admissions, aiming to dismantle segregation and racial inequality in education.

Prohibition of Employment Discrimination: Congress has authority to legislate against private employers discriminating in hiring based on race.

다른 수정헌법과 달리 수정헌법 제13조는 정부의 행위에만 국한되지 않는다. 이 수정헌법은 정부 및 사인에 의한 노예제와 강제 노역을 모두 금지한다.

주거 차별 금지(Prohibition of Housing Discrimination): 수정헌법 제13조는 사인이 소수인종에게 주택 임대나 판매를 거부하는 행위를 금지하는 연방법을 정당화하는 근거가 된다. 이는 노예 제도의 잔재로서의 차별을 해결하기 위한 것이다. 예를 들어, 연방법은 주택 소유주나 부동산 중개인이 인종을 이유로 주택 임대나 판매를 거부하는 것을 금지한다.

교육 차별 금지(Prohibition of Educational Discrimination): 연방법은 사립 학교가 비백인 학생들을 입학에서 차별하는 것을 금지할 수 있다. 이는 교육에서의 분리 및 인종 불평등을 없애려는 것이다.

고용 차별 금지(Prohibition of Employment Discrimination): 의회는 사인인 고용주가 인종을 이유로 채용에서 차별하는 것을 금지하는 법을 제정할 권한이 있다.

수정헌법 제13조는 모든 형태의 노예제와 강제 노역을 금지하고, 다양한 분야에서의 차별을 해결하여 평등과 정의를 촉진하는 역할을 한다. 이는 미국 사회에서의 인종 차별과 불평등을 해소하기 위한 강력한 법적 근거를 제공한다.

## B 합헌성 심사기준(Standard of Review)

In U.S. constitutional law, the standard of review is the criterion that courts use to evaluate the constitutionality of governmental actions, laws, or regulations. The standard of review determines the level of scrutiny the court applies when assessing whether a law or government action violates constitutional principles, particularly when examining individual rights under the Constitution.

There are three primary standards of review used by courts: strict scrutiny, intermediate scrutiny, and rational basis review. Each level applies depending on the nature of the right affected and the classification involved in the governmental action.

미국 헌법에서 심사기준은 정부의 행위, 법률 또는 규제의 합헌성을 평가하기 위해 법원이 사용하는 기준을 말한다. 심사기준은 법원에서 법률이나 정부의 행위가 헌법 원칙을 위반하는지, 특히 헌법에 따른 개인의 권리를 검토할 때 어떤 수준의 심사를 적용할지를 결정한다.

법원에서는 세 가지 주요 심사기준을 사용하며, 각각의 기준은 영향을 받는 권리의 성격과 정부 행위에 관련된 분류에 따라 적용된다.

### 1. 심사기준의 종류(Levels of Scrutiny)

1) Strict Scrutiny

Application: This is the highest level of scrutiny, applied to laws affecting fundamental rights (e.g., voting, free speech, privacy) and suspect classifications (e.g., race, national origin).

Test: The law must serve a compelling government interest and must be narrowly tailored to achieve that interest, using the least restrictive means.

There should be no alternative method to achieve the same interest that would be less restrictive of the right at issue. A compelling interest is generally understood to be something that is necessary or crucial, such as national security, preserving public health, or ensuring public safety.

Burden of Proof: The law is presumed unconstitutional, and the government bears the burden of proving that the law is necessary to achieve a compelling governmental interest and that no less restrictive means are available.

For example, laws involving racial classifications or infringing on fundamental rights like free speech are subject to strict scrutiny.

Virginia's anti-miscegenation laws prohibited interracial marriage. The Court invalidated the laws, applying strict scrutiny and determining that the racial classifications were not necessary to achieve a compelling state interest.

2) Intermediate Scrutiny

Application: This standard is used for laws affecting quasi-suspect classifications, such as gender and legitimacy.

Test: the law must be substantially related to an important government interest.

Burden of Proof: Although the Court has not clearly stated the rule, the burden appears generally to be on the government to prove that the law in question passes intermediate scrutiny.

For example, laws that differentiate based on gender are reviewed under intermediate scrutiny.

Oklahoma law sets different minimum drinking ages for men and women. The Supreme Court struck down the law, applying intermediate scrutiny and finding that the gender-based distinction was not substantially related to achieving the objective of traffic safety.

3) Rational Basis Review

Application: This is the most deferential standard and applies to laws affecting non-fundamental rights and involving non-suspect classifications (e.g., economic regulations, age discrimination).

Test: The law is upheld if it is rationally related to a legitimate government interest.

Burden of Proof: The law is presumed constitutional, and the burden is on the challenger to prove it is not rationally related to any legitimate governmental purpose and the law is arbitrary or irrational.

For example, economic regulations or laws affecting business operations are typically evaluated under rational basis review.

New York City regulation prohibited advertising vehicles unless the advertisement was for the business of the vehicle's owner. The Court upheld the regulation under rational basis review, finding it was rationally related to the city's interest in traffic safety.

### 1) 엄격심사(Strict Scrutiny)

적용(Application): 엄격 심사는 가장 엄격한 수준의 심사이며, 기본권(예: 투표권, 표현의 자유, 사생활 보호)과 의심 분류(예: 인종, 출신 국가)에 영향을 미치는 법률에 적용된다.

테스트(Test): 법률은 중대한 정부 이익을 위해 필요한 것이어야 하며, 그 이익을 달성하기 위해 좁게 제한되어야 한다. 해당 권리를 덜 제한하는 대안이 없어야 한다. 중대한 이익은 명확히 정의가 되어 있지는 않지만, 일반적으로 국가 안보, 공중 보건 유지 또는 공공 안전 보장과 같은 필요하거나 중대한 것으로 이해가 된다.

증명 책임(Burden of Proof): 엄격 심사가 적용되는 법률은 위헌으로 추정이 되며, 정부가 법률이 중대한 정부 이익을 달성하는 데 필요하고 덜 제한적인 수단이 없음을 증명해야 한다.

예를 들어, 인종 분류와 관련된 법률이나 표현의 자유와 같은 기본권을 침해하는 법률은 엄격 심사의 대상이 된다.

버지니아주는 다른 인종 간의 혼인을 금지하는 법률을 제정하였다. 연방대법원은 엄격 심사를 적용하여 이러한 인종 분류가 중대한 국가 이익을 달성하는데 필요하지 않다고 판단하여 이 법을 위헌이라 결정하였다.

### 2) 중간심사(Intermediate Scrutiny)

적용(Application): 준의심 분류(예: 성별, 혼외자)에 영향을 미치는 법률에 적용된다.

테스트(Test): 법률은 중요한 정부 이익과 실질적으로 관련되어야 한다.

증명 책임(Burden of Proof): 연방대법원이 명확히 규정하지는 않았으나, 일반적으로 정부가 법률이 중간심사를 통과함을 증명해야 한다.

예를 들어, 성별에 따른 차별을 규정한 법률은 중간심사를 받는다.

오클라호마 주법은 남녀에 대해 다른 최소 음주 연령을 설정했다. 연방대법원은 중간심사를 적용하여 성별에 따른 구분이 교통 안전 목표 달성에 실질적으로 관련이 없다고 판단하여 이 법을 위헌으로 결정하였다.

### 3) 합리적 근거 심사(Rational Basis Review)

적용(Application): 합리적 근거 심사는 정부의 이익을 가장 존중하는 심사기준이다. 비기본적 권리에 영향을 미치고 비의심 분류(예: 경제 규제, 연령 차별)와 관련된 법률에 적용된다.

테스트(Test): 법률이 정당한 정부 이익과 합리적으로 관련이 있으면 합헌이 된다.

증명 책임(Burden of Proof): 합리적 근거 심사가 적용되는 법률은 합헌으로 추정되며, 위헌성을 다투는 자가 법률이 정당한 정부 목적과 합리적으로 관련이 없고 법률이 임의적이거나 비합리적임을 증명해야 한다.

예를 들어, 경제 규제나 사업 운영에 영향을 미치는 법률은 일반적으로 합리적 근거 심사를 통해 심사된다.

뉴욕시 규정은 광고 차량을 금지하고, 차량 소유자의 사업 광고만 허용했다. 연방대법원은 합리적 근거 심사를 통해 이 규정이 교통 안전이라는 시의 이익과 합리적으로 관련이 있음을 판단하여 합헌이라고 결정하였다.

## 2. 심사기준에 영향을 미치는 요소 (Factors Influencing the Standard of Review)

The standard of review is a critical legal framework used by courts to evaluate the constitutionality of government actions and laws. Different factors influence the level of scrutiny applied, including the nature of the right involved, the classification of individuals affected by the law, and the governmental interest being pursued. Let's explore these factors in more detail:

1) Nature of the Right

The nature of the right involved is a primary factor in determining the level of scrutiny applied by courts.

Laws that infringe upon fundamental rights are subject to strict scrutiny. Laws affecting non-fundamental rights are subject to rational basis review.

2) Classification

The classification of individuals affected by the law also influences the level of scrutiny.

Laws involving suspect classifications are subject to strict scrutiny. Laws involving quasi-suspect classifications are subject to intermediate scrutiny. Laws involving non-suspect classifications are subject to rational basis review.

3) Governmental Interest

The legitimacy and importance of the governmental interest being pursued by the law also affect the standard of review. Compelling interest is required under strict scrutiny. Under intermediate scrutiny, the government must demonstrate that the law serves an important objective. Under rational basis review, the government need only demonstrate a legitimate interest, which is any reasonable and plausible government objective.

심사 기준은 법원이 정부의 행위와 법률의 합헌성을 평가하는 데 사용되는 중요한 법적 틀이다. 적용되는 심사 수준은 관련된 권리의 성격, 법률에 의해 영향을 받는 개인의 분류, 추구되는 정부의 이익 등 여러 요인에 의해 영향을 받는다.

1) 권리의 성격(Nature of the Right)

법원이 적용하는 심사 수준을 결정하는 데 있어 권리의 성격이 주요한 요소이다.

기본권을 침해하는 법률은 엄격 심사의 대상이 된다. 기본권은 헌법상 특별히 보호받는 권리로, 표현의 자유, 종교의 자유, 결혼의 권리 등이 포함된다. 비기본권에 영향을 미치는 법률은 합리적 근거 심사의 대상이 된다. 비기본권은 경제적 이익과 관련된 권리 등이 포함된다.

2) 분류(Classification)

법률에 의해 영향을 받는 개인의 분류 또한 심사 수준에 영향을 미친다.

인종, 국적, 종교와 같이 의심 분류와 관련된 법률은 엄격심사의 대상이 된다. 성별이나 혼인 외 자와 같이 준의심 분류와 관련된 법률은 중간 심사의 대상이 된다. 나이, 경제적 지위와 같이 비의심 분류와 관련된 법률은 합리적 근거 심사의 대상이 된다. 이러한 분류는 일반적으로 합리적인 차별로 간주되며, 가장 낮은 수준의 심사가 적용된다.

#### 3) 정부의 이익(Governmental Interest)

법률이 추구하는 정부의 이익의 정당성과 중요성도 심사 기준에 영향을 미친다.

엄격 심사에서는 정부가 법률이 정부의 중대한 이익을 위해 필요하다는 것을 증명해야 한다. 중대한 이익은 일반적으로 국가 안보, 공공 안전 등과 같은 매우 중요한 목표를 포함한다. 중간 심사에서는 정부가 법률이 중요한 목표를 달성하기 위해 실질적으로 관련되어 있다는 것을 증명해야 한다. 합리적 근거 심사에서는 정부가 정당한 이익, 즉 합리적이고 타당한 정부 목표를 제시하는 것으로 충분하다. 정당한 이익은 공공 복지, 경제적 규제 등과 같은 다양한 정부의 목표를 포함할 수 있다.

## C 금지 입법(Prohibited Legislation)

The Constitution imposes specific prohibitions on certain types of legislation that could infringe on individual rights or the principles of justice. These prohibitions apply to both the federal government and state governments, ensuring that certain fundamental protections are maintained.

헌법은 개인의 권리나 정의의 원칙을 침해할 수 있는 특정 유형의 입법에 대해 명확한 금지를 규정하고 있다. 이러한 금지는 연방 정부와 주 정부 모두에 적용되며 기본권 보호가 유지되도록 보장하는 것이다.

### 1. 소급입법(Ex Post Facto Law)

An ex post facto law retroactively changes the legal consequences of actions that were committed before the enactment of the law. The Constitution prohibits both Congress and the states from enacting ex post facto laws. The Ex Post Facto Clause is found in Article I, Section 9 (for the federal government) and Section 10 (for the states).

The prohibition against ex post facto laws is limited to criminal or penal laws, meaning it applies to laws that impose punishment or alter the legal consequences of actions retrospectively.

A law is considered an ex post facto law if it:

i) Criminalizes an act that was legal when it was committed;

ii) Increases the punishment for a crime after it has been committed;

iii) Removes a defense that was available at the time the act was committed; or

iv) Lowers the burden of proof required for a conviction after the act was committed.

The Supreme Court held that a California law that extended the statute of limitations for certain sexual offenses, thereby reviving prosecutions for acts that were time-barred under the old law, violated the Ex Post Facto Clause.

The retroactive application of state law that required registration of convicted sex offenders and child kidnappers, and public notification of information about the convicts, including name, current address, and place of employment did not constitute an ex post facto law. The law was a nonpunitive regulatory scheme enacted for the protection of the public.

소급입법은 법이 제정되기 전에 행해진 행위의 법적 결과를 소급적으로 변경하는 법률을 제정하는 것을 말한다. 헌법은 의회와 주가 소급입법을 하는 것을 금지하고 있다. 소급입법 금지 조항은 연방 정부에 대해서는 헌법 제1조 제9항에, 주 정부에 대해서는 제10항에 규정되어 있다.

소급입법 금지 조항은 형사적 법률에 한정되며, 이는 소급적으로 형벌을 부과하거나 행위의 법적 결과를 변경하는 법률에 적용된다.

소급입법으로 간주되는 법률은 다음과 같은 경우에 해당된다.

i ) 행위 당시에는 합법이었던 행위를 범죄화하는 경우

ii ) 범죄가 행해진 후 형벌을 증가시키는 경우

iii ) 행위 당시 이용 가능했던 항변사유를 제거하는 경우

iv ) 범죄에 대한 유죄 판결을 위한 증명책임의 기준을 낮추는 경우

연방대법원은 캘리포니아 주법이 특정 성범죄의 공소시효를 연장하여, 구법에 따라 시효가 만료된 행위에 대한 기소를 부활시키는 것은 소급입법 금지 조항을 위반한다고 판결했다.

한편 연방대법원은 유죄 판결을 받은 성범죄자와 아동 납치범에 대한 등록 의무와 그들의 이름, 현재 주소, 직장 정보 등을 공공에 알리도록 요구하는 주법의 소급적 적용은 소급입법에 해당하지 않는다고 판결하였다. 해당 법률은 공공의 보호를 위한 비처벌적 규제로 간주되었다.

## 2. 계약 조항(Contract Clause)

Article I, Section 10 also prohibits states from passing any law that impairs the obligation of contracts. This clause is specifically aimed at ensuring that state legislation does not retroactively interfere with existing contractual obligations.

The Contract Clause applies only to state laws and does not extend to state court decisions or federal legislation. It protects contracts that have already been entered into, preventing states from enacting laws that would substantially impair those contracts.

1) Private Contracts

When state legislation impairs a private contract, it will be deemed invalid unless the state can prove that the interference is reasonable and necessary to achieve an important governmental interest.

The Supreme Court struck down a Minnesota law that altered the pension obligations of private employers, ruling that it unreasonably impaired existing contracts.

2) Public Contracts

The impairment of public contracts (contracts to which the state or local government is a party) is also subject to the same reasonable and necessary test as private contracts, but the courts apply a stricter standard. The state must demonstrate that the impairment is necessary due to unforeseen circumstances and that no less-restrictive alternative is available.

Exceptions: There is no substantial impairment if the state has explicitly reserved the right to revoke, alter, or amend the contract either through statute, law, or in the contract itself.

헌법 제1조 제10항은 주가 기존 계약의 의무를 손상시키는 법률을 제정하는 것을 금지한다. 이 조항은 주법이 기존 계약 의무에 소급적으로 간섭하지 못하도록 하기 위해 마련되었다.

계약 조항은 주법에만 적용되며, 주 법원의 판결이나 연방 법률에는 적용되지 않는다. 이 조항은 이미 체결된 계약을 보호하며, 주가 그러한 계약을 실질적으로 손상시키는 법률을 제정하는 것을 방지하는 것이다.

1) 사적 계약(Private Contracts)

주법이 사적 계약을 손상시키는 경우, 해당 법률은 주가 그 간섭이 중요한 정부의 이익을 달성하기 위해 합리적이고 필요하다는 것을 증명하지 않는 한 무효로 간주된다.

연방대법원은 미네소타 주법이 민간 고용주의 연금 의무를 변경하는 것이 기존 계약을 불합리하게 손상시킨다고 판결하여 해당 법률을 무효화했다.

### 2) 공적 계약(Public Contracts)

주 또는 지방 정부가 당사자인 공적 계약을 손상시키는 것도 사적 계약과 동일한 합리적이고 필요하다는 테스트가 기준이지만, 법원은 더 엄격한 적용을 하고 있다. 주는 예기치 않은 상황으로 인해 계약의 손상이 필요하며, 덜 제한적인 대안이 없음을 증명해야 한다.

예외: 주가 법률, 법령 또는 계약 자체에 명시적으로 계약을 철회, 변경 또는 수정할 권리를 보유한다고 명시한 경우에는 계약의 실질적인 손상이 없는 것으로 간주된다.

## 3. 사권박탈법(Bill of Attainder)

A bill of attainder is a legislative act that singles out one or more persons and imposes punishment on them without the benefit of a trial. The Constitution explicitly forbids both Congress and the states from enacting bills of attainder. This prohibition is found in Article I, Section 9 (for the federal government) and Article I, Section 10 (for the states).

The prohibition on bills of attainder applies only to criminal or penal measures. It prevents the legislature from assuming a judicial role and bypassing the court system to directly punish individuals or groups.

The Supreme Court struck down a federal statute that barred certain individuals from federal employment because it constituted a bill of attainder by punishing these individuals without a trial.

사권박탈법은 입법부가 특정 개인이나 단체를 대상으로 하여 재판 없이 처벌을 부과하는 입법 행위를 의미한다. 헌법은 명시적으로 연방 정부와 주 정부가 법률에 의한 처벌을 제정하는 것을 금지하고 있으며, 이 금지는 연방 정부에 대해서는 헌법 제1조 제9항에, 주 정부에 대해서는 헌법 제1조 제10항에 규정되어 있다.

사권박탈법 금지는 오직 형사적 또는 징벌적 조치에만 적용된다. 이 조항은 입법부가 사법부의 역할을 대신하여 법원을 통하지 않고 직접 개인이나 단체를 처벌하는 것을 방지하는 것이다.

연방대법원은 특정 개인들이 연방 고용에서 배제되는 것을 규정한 연방법이 재판 없이 이들을 처벌하는 법률에 의한 처벌에 해당한다고 판결하여, 해당 법률을 무효화한 바 있다.

## D 권리장전(Bill of Rights)

The Bill of Rights refers to the first ten amendments to the United States Constitution. These amendments were ratified on December 15, 1791, and are designed to protect individual liberties and rights from government interference.

Incorporation Doctrine: The Incorporation Doctrine is a constitutional doctrine through which the U.S. Supreme Court has applied the protections of the Bill of Rights to the states using the Due Process Clause of the Fourteenth Amendment. Originally, the Bill of Rights was intended to limit only the powers of the federal government, not the states. However, over time, the Supreme Court has interpreted the Fourteenth Amendment to extend most of these protections to apply at the state level.

권리장전은 수정헌법 제1조부터 제10조까지를 의미한다. 이 수정헌법 조항들은 1791년 12월 15일에 비준되었으며, 개인의 자유와 권리를 정부의 간섭으로부터 보호하기 위해 제정되었다.

편입 원칙(Incorporation Doctrine): 편입 원칙은 미국 수정헌법 제14조의 적법절차 조항(Due Process Clause)을 통해 권리장전의 보호 조항들을 주 정부에도 적용하는 헌법 원칙이다. 원래 권리장전은 연방 정부의 권한만을 제한하도록 의도되었으며, 주 정부에는 적용되지 않았다. 그러나 시간이 지나면서 연방대법원은 수정헌법 제14조를 해석하여 이 보호 조항들의 대부분을 주 정부에도 적용되도록 확장하였다.

# VII | 적법절차(DUE PROCESS)

The Due Process Clauses of the Fifth and Fourteenth Amendments are designed to protect individuals from arbitrary and unfair government actions. They serve as a safeguard against the infringement of fundamental rights by both the federal and state governments.

The Fifth Amendment states that "[n]o person shall be ... deprived of life, liberty, or property, without due process of law." The Fifth Amendment applies to the federal government and its actions.

The Fourteenth Amendment states that "no state shall make or enforce any law which shall ... deprive any person of life, liberty, or property, without due process of the law." The Fourteenth Amendment applies to state governments and its actions.

수정헌법 제5조 및 제14조의 적법절차 조항은 개인을 자의적이고 불공정한 정부 행위로부터 보호하기 위해 설계되었다. 이 조항들은 연방 및 주 정부에 의한 기본권 침해에 대한 방지책 역할을 한다.

수정헌법 제5조는 "어느 누구도 적법절차 없이 생명, 자유 또는 재산을 박탈당하지 않는다"고 명시하고 있다. 수정헌법 제5조는 연방 정부 및 연방 정부의 행위에 적용된다.

수정헌법 제14조는 "어떤 주도 적법절차 없이 생명, 자유 또는 재산을 박탈하는 법을 제정하거나 집행할 수 없다"고 명시하고 있다. 수정헌법 제14조는 주 정부 및 주 정부의 행위에 적용된다.

적법절차 조항은 미국 헌법 체계에서 개인의 권리 보호에 핵심적인 역할을 하며, 정부의 권한 남용을 방지하고 법치주의를 유지하는 데 기여하고 있다.

## A 절차적 적법절차(Procedural Due Process)

Procedural Due Process guarantees fair procedures when the government takes action to deprive an individual of life, liberty, or property. This principle ensures that the government follows established legal procedures and provides adequate safeguards to protect individuals' rights.

At the heart of procedural due process is the concept of "fundamental fairness." It ensures that individuals have the right to be notified of charges or proceedings against them and the opportunity to be heard.

Due process addresses injury that results from intentional governmental action. Mere government negligence is not sufficient to state a claim for deprivation by the government of an individual's liberty interests under the Due Process Clause. For example, a prisoner's injury due to a correction officer's negligence was not considered a deprivation of liberty under due process.[32)]

절차적 적법절차는 정부가 개인의 생명, 자유 또는 재산을 박탈할 때 공정한 절차를 보장한다. 이 원칙은 정부가 확립된 법적 절차를 따르고 개인의 권리를 보호하기 위한 적절한 안전 장치를 제공하도록 한다.

절차적 적법절차의 핵심은 "기본적 공정성(fundamental fairness)"이라는 개념이다. 이는 개인이 자신에게 제기된 혐의나 진행 중인 절차에 대해 통지를 받고, 자신을 변호할 기회를 가질 수 있도록 보장하는 것이다.

적법절차는 고의적 정부 행위로 인한 손해를 다룬다. 정부의 단순한 과실은 적법절차 조항에 따라 개인의 자유 이익을 박탈한 것으로 간주되기에는 충분하지 않다. 예를 들어, 교정관의 과실로 인해 수감자가 부상을 입은 경우, 이는 적법절차에 따른 자유 박탈로 간주되지 않았다.

32) Daniels v. Williams, 474 U.S. 327 (1986)

## 1. 보호 이익(Protected Interests)

1) Liberty

Liberty interests involve significant governmental restraint on physical freedom, exercise of fundamental rights, or freedom of choice or action.

For example, commitment to a mental institution, parole revocation, loss of parental rights, injury to reputation alone does not constitute a deprivation of liberty unless it results in a significant loss of employment or associational rights.

2) Property

A property interest involves a "legitimate claim of entitlement" by virtue of statute, employment contract, or custom.

For example, government-issued licenses, continued welfare and disability benefits.

The Supreme Court held that a non-tenured professor with a one-year contract had no property interest in being rehired.

Public Employment: A legitimate property interest in continued public employment exists only if there is an employment contract or an understanding that the employee may be fired only for cause. An "at-will" employee, who can be dismissed for any reason, lacks such an interest.

Public Education: Students have a property interest in public education, meaning they are entitled to due process protections before being deprived of it.

적법절차에 의해 보호되는 이익

1) 자유(Liberty)

자유 이익은 신체의 자유, 기본권 행사, 선택이나 행동의 자유에 대한 정부의 중대한 제한과 관련이 있다.

예를 들어, 정신 병원 입원, 가석방 취소, 부모 권리 상실 등의 경우가 해당된다. 단, 명예훼손에 대한 손해는 고용이나 결사의 권리에 중대한 손실이 발생하지 않는 한 자유의 박탈로 간주되지 않는다.

#### 2) 재산(Property)

재산 이익은 법률, 고용 계약 또는 관습에 의한 "정당한 권리 주장"과 관련이 있다.

예를 들어, 정부가 발급한 라이선스, 지속적인 복지 및 장애 수당 등이 있다.

연방대법원은 1년 계약의 비정규직 교수는 재고용에 대한 재산권이 없다고 판결했다.

공직 고용(Public Employment): 지속적인 공직 고용에 대한 정당한 재산권은 고용 계약이 있거나 직원이 정당한 사유 없이 해고될 수 없다는 이해가 있을 때만 존재한다. "임의 해고" 직원은 어떤 이유로든 해고될 수 있기 때문에 그러한 이익을 가지지 않는다.

공직 교육(Public Education): 학생은 공공 교육에 대한 재산 이익을 가지며, 이는 교육을 박탈당하기 전에 적법절차의 보호를 받을 권리가 있다는 것을 의미한다.

## 2. 통지 및 청문(Notice and Hearing)

When a protected interest is threatened, the government must determine what process is due. The Supreme Court established a framework for determining what procedural protections are necessary in these situations through the balancing test.[33)]

33) Mathews v. Eldridge, 424 U.S. 319 (1976)

1) Balancing Test

a) The individual interest affected by the governmental action (The more critical the interest, the greater the procedural protections required);

b) The risk of erroneous deprivation and the probable value of additional safeguards (If the existing procedures have a high risk of error, or if additional safeguards can significantly decrease that risk, more procedural protections may be warranted); and

c) The government interest in fiscal and administrative efficiency (If providing more procedural protections would impose significant burdens on government resources or operations, the existing procedures might be deemed sufficient).

2) Government Benefits

a) Welfare Benefits: When a state seeks to terminate welfare benefits, procedural due process requires the state to provide the recipient with a pre-termination evidentiary hearing for the purpose of determining the validity of discontinuing public assistance in order to protect the recipient against an erroneous termination of his benefits.

b) Disability Benefits: When social security disability benefits are terminated, there must be only a post-termination hearing so long as there is prior notice and prior opportunity to respond. Disability benefits, unlike welfare benefits, are not based on financial need and hence are not vital.

3) Public Employment

When Public employment (tenured or termination only "for cause") is terminated, there must be prior notice and opportunity to respond, and post-termination evidentiary hearing.

4) Public Education

Academic Dismissal: No hearing is required for academic dismissal from higher education institutions.

Disciplinary Suspension: Students are entitled to notice and an opportunity to present their side in cases of suspension for disciplinary reasons.

Corporal Punishment: Although corporal punishment implicates liberty interests, students are not entitled to notice or a hearing before its administration. If the punishment is excessive, the student could seek damages in a civil action.

5) Parental Status

Termination of Parental Rights: The state is required to use clear and convincing evidence because termination of parental rights deprives parents of a fundamental right

Paternity Actions: When a mother or child begins a paternity action, it requires proof by a preponderance of the evidence.

6) Forfeitures

Forfeiture involves the involuntary relinquishment of property. The government generally must provide notice and a hearing before seizing real property, but not necessarily personal property.

7) Enemy Combatants

United States citizens held as enemy combatants are entitled to a meaningful opportunity to contest their detention before a neutral decision maker.[34)]

---

34) Boumediene v. Bush, 553 U.S. 723, (2008)

8) Court Access

The government cannot deny an indigent person access to the court system if it results in the denial of a fundamental right. Due process requires waiver of court fees in such cases.

보호 이익이 위협받을 때, 정부는 적절한 절차를 결정해야 한다. 연방대법원은 이러한 상황에서 필요한 절차적 보호를 결정하기 위한 비교형량테스트를 확립했다.

#### 1) 비교형량테스트(Balancing Test)

비교형량테스트는 특정 상황에서 필요한 절차적 보호의 정도를 평가하기 위해 다음과 같은 3가지 요소를 고려한다.

a) 정부 행위에 의해 영향을 받는 개인의 이익(개인의 이익이 클수록 더 많은 절차적 보호가 필요하게 된다)

b) 잘못된 박탈의 위험성과 추가 안전장치의 가치(기존 절차의 오류 위험이 높거나 추가적인 안전장치가 그 위험을 크게 줄일 수 있다면, 더 많은 절차적 보호가 필요할 수 있다)

c) 정부의 재정 및 행정 효율성의 이익(더 많은 절차적 보호 제공이 정부 자원이나 운영에 중대한 부담을 초래한다면, 기존 절차가 충분하다고 간주될 수 있다)

#### 2) 정부 혜택(Government Benefits)

복지 혜택(Welfare Benefits): 주가 복지 혜택을 종료하려 할 때, 절차적 적법절차는 수혜자에게 혜택 종료의 정당성을 결정하기 위한 사전 증거 청문회를 제공하도록 요구한다. 이는 혜택의 잘못된 종료로부터 수혜자를 보호하기 위함이다.

장애 혜택(Disability Benefits): 사회보장 장애 혜택이 종료될 때는, 사전 통지와 사전 대응 기회가 제공되는 한, 사후 청문회만이 필요하다. 장애 혜택은 복지 혜택과 달리 재정적 필요에 기반하지 않기 때문이다.

### 3) 공직 고용(Public Employment)

공직 고용이 종신 고용이거나 사유에 의해서만 종료될 수 있는 경우에는 사전 통지와 대응 기회, 사후 증거 청문회가 요구된다.

### 4) 공공 교육(Public Education)

학사 제적(Academic Dismissal): 고등 교육 기관에서의 학사 제적에는 청문회가 요구되지 않는다.

징계 정학(Disciplinary Suspension): 징계 이유로 정학되는 경우, 학생은 통지와 자신의 입장을 제시할 기회를 가질 권리가 있다.

체벌(Corporal Punishment): 체벌은 자유 이익을 포함하지만, 체벌 전에 통지나 청문회가 요구되지는 않는다. 체벌이 과도한 경우, 학생은 민사 소송으로 손해 배상을 청구할 수 있다.

### 5) 부모의 지위(Parental Status)

부모의 권리 종료(Termination of Parental Rights): 부모의 권리 종료는 부모의 기본권을 박탈하는 것이기 때문에, 주는 명백하고 설득력 있는 증거의 사용이 요구된다.

친자 확인 소송(Paternity Actions): 모나 자녀가 친자 확인 소송을 시작할 때는 우월한 증거에 의한 증명이 요구된다.

### 6) 몰수(Forfeitures)

몰수는 재산의 비자발적 포기이다. 정부는 일반적으로 부동산을 압수하기 전에 통지와 청문을 제공해야 하지만, 동산인 경우에는 반드시 요구되는 것이 아니다.

### 7) 적대 전투원(Enemy Combatants)

적대 전투원으로 억류된 미국 시민은 중립적인 결정권자 앞에서 자신의 구금을 다툴 의미 있는 기회를 가질 권리가 있다.

#### 8) 법원 접근(Court Access)

정부는 기본권을 박탈하는 결과를 초래하는 경우 빈곤자의 법원 시스템 접근을 거부할 수 없다. 이러한 경우에 절차적 적법절차는 법원 비용 면제를 요구한다.

## B 수용 조항(Takings Clause)

The Takings Clause is a provision found in the Fifth Amendment of the Constitution. It protects private property rights by limiting the government's power to take private property for public use without just compensation. This clause ensures a balance between the government's need to acquire property for public purposes and the protection of individual property rights. This clause is applicable to the states through the Due Process Clause of the Fourteenth Amendment.

수용 조항은 수정헌법 제5조에 포함된 규정으로, 정부가 개인의 사유 재산을 공익을 위해 수용할 때 정당한 보상을 제공하도록 제한함으로써 사유 재산권을 보호한다. 이 조항은 공공 목적을 위해 정부가 개인의 재산을 취득할 필요성과 개인의 재산권 보호 사이의 균형을 보장한다. 이 조항은 수정헌법 제14조의 적법절차 조항을 통해 주에도 적용된다.

### 1. 물리적 수용(Physical Taking)

Physical taking occurs when the government physically occupies or seizes private property for government use, such as constructing public infrastructure.

The government can take private property for public use, even if the property is transferred to another private party, as long as the taking is rationally related to a conceivable public purpose. This is a highly deferential standard, and the burden is on the person challenging the taking to prove a lack of legitimate interest or rational basis.

Governmental destruction or damage to property or property rights can also constitute a taking, even if it does not directly benefit the government. For example, the Court held that flight paths that intruded on private airspace constituted a taking.

Exception (Public Peril): The government does not need to compensate for property destroyed to prevent public peril. For example, destroying infected cedar trees to prevent the spread of disease to apple orchards was not considered a taking.

물리적 수용은 정부가 공공 인프라 건설과 같은 정부의 사용을 위해 사유 재산을 물리적으로 점유하거나 압수할 때 발생한다.

정부는 공공 사용을 위해 사유 재산을 수용할 수 있는데, 수용이 가능한 공공의 목적과 합리적으로 관련되어 있어야 한다. 수용한 재산이 다른 개인에게 이전되는 경우에도 수용은 가능하다. 수용을 위한 기준은 매우 관대하며, 수용에 이의를 제기하는 사람에게 정당한 이익이나 합리적 근거가 부족하다는 것을 증명할 책임이 있다.

정부가 재산이나 재산권을 파괴하거나 손상시키는 경우에도 수용으로 간주될 수 있다. 이는 정부에 직접적인 이익이 되지 않더라도 마찬가지이다. 예를 들어, 법원은 항공기의 비행 경로가 개인 재산의 상공을 침범하는 경우 이를 수용이라고 판결하였다.

예외(공공 위험(Public Peril)): 공공 위험을 예방하기 위해 파괴된 재산에 대해서는 정부가 보상할 필요가 없다. 예를 들어, 사과 과수원에 질병이 퍼지는 것을 막기 위해 감염된 삼나무를 파괴하는 것은 수용으로 간주되지 않았다.

## 2. 규제적 수용(Regulatory Taking)

Regulatory taking refers to a situation where a government regulation limits the use of private property to such an extent that it effectively amounts to a taking under the Fifth Amendment's Takings Clause.

A regulation may constitute a taking if it deprives the property owner of all economically viable use of their property or significantly diminishes its value. However, a governmental regulation that adversely affects a person's property interest is not a taking. Regulatory takings often arise in the context of zoning laws, environmental regulations, and land-use restrictions.

Unlike physical takings, regulatory takings do not involve the government physically occupying or seizing property. Instead, they occur through regulations that affect how property can be used.

New York City's landmark preservation law prevented the construction of a high-rise building above Grand Central Terminal to preserve its historic character. It is not taking because there remains "economically viable use."[35)]

David Lucas purchased beachfront property intending to build homes. State regulations subsequently prohibited construction to protect the coastline, rendering the property valueless. The Supreme Court ruled that the regulation constituted a taking because it deprived Lucas of all economically viable use of his property.[36)]

규제적 수용은 정부의 규제가 사유 재산의 사용을 제한하여 사실상 수정헌법 제5조의 수용 조항에 따른 수용으로 간주될 정도로 영향을 미치는 상황을 말한다.

35) Penn Central Transportation Co. v. City of New York, 438 U.S. 104 (1978)

36) Lucas v. South Carolina Coastal Council, 505 U.S. 1003 (1992)

규제가 재산 소유주에게 재산의 모든 경제적으로 유용한 사용을 박탈하거나 재산 가치를 크게 감소시킬 경우 수용으로 간주될 수 있다. 그러나 재산권에 부정적인 영향을 미치는 규제가 있다고 해서 항상 수용이 되는 것은 아니다. 규제적 수용은 주로 토지 이용 제한, 환경 규제, 및 토지용도지정법과 같은 상황에서 발생한다.

물리적 수용은 정부가 재산을 물리적으로 차지하거나 압수하는 반면, 규제적 수용은 재산 사용에 영향을 미치는 규제를 통해 발생한다.

뉴욕시의 랜드마크 보존법은 그랜드 센트럴 터미널 위에 고층 건물을 건설하지 못하도록 하여 역사적 특성을 보존했다. 이 규제는 재산의 경제적 사용이 여전히 가능하기 때문에 수용으로 간주되지 않았다.

데이비드 루카스는 해변가 부지를 구입해 주택을 건설하려 했으나, 주 규제가 해안선을 보호하기 위해 건설을 금지하여 재산의 가치가 없어졌다. 연방대법원은 루카스의 재산에 대해 모든 경제적으로 유용한 사용을 박탈했기 때문에 이 규제가 수용에 해당한다고 판결했다.

### 3. 조건부 수용(Exaction Taking)

An “exaction” is a government-imposed requirement or condition that a project developer provide certain public benefits to offset the impacts of the project on the public. The exaction typically requires the developer to provide something of value, such as dedicating a portion of land for public use, to mitigate the impact of the development.

Exactions do not violate the Takings Clause if two requirements are met:

1) Essential Nexus

There must be a connection (nexus) between the legitimate interest of the state and the conditions imposed on the property owner. The condition must substantially advance the state’s interest in mitigating the effects of the development.

The California Coastal Commission required the Nollans to grant a public easement across their beachfront property as a condition for a building permit. The Supreme Court found no essential nexus between the condition and the Commission's interest in preserving public access to the beach. The condition was not directly related to the proposed development, making it a taking.[37)]

2) Rough Proportionality

The burden imposed by the exaction must be roughly proportional to the impact of the proposed development. The government must demonstrate that the condition is related both in nature and extent to the projected impact.

The city required Dolan to dedicate a portion of her property for a public greenway and pedestrian/bicycle pathway to receive a permit to expand her business. The Court found that the city failed to demonstrate that the exaction was roughly proportional to the impact of the proposed development. The conditions imposed were excessive relative to the development's impact, constituting a taking.[38)]

The requirements for essential nexus and rough proportionality are limited to exactions and do not apply to other regulatory takings.

조건부 수용은 프로젝트 개발자가 공공에 미치는 프로젝트의 영향을 상쇄하기 위해 특정 공공 이익을 제공하도록 정부가 부과하는 요구 사항 또는 조건을 의미한다. 이러한 조건부 수용은 일반적으로 개발자가 공공 용도로 토지의 일부를 제공하는 등 가치 있는 것을 제공하여 개발의 영향을 완화하도록 요구한다.

37) Nollan v. California Coastal Commission, 483 U.S. 825 (1987)

38) Dolan v. City of Tigard, 512 U.S. 374 (1994)

조건부 수용은 두가지 요건을 충족하면 수용 조항을 위반하지 않는다.

1) 필수적 연관성(Essential Nexus)

주의 정당한 이익과 부동산 소유자에게 부과된 조건 사이에 연관성이 있어야 한다. 조건은 개발의 영향을 완화하는 데 있어 주의 이익을 실질적으로 증진시켜야 한다.

캘리포니아 해안 위원회는 Nollan 가족에게 건축 허가의 조건으로 그들의 해변가 토지에 공공 통행권을 허용하도록 요구했다. 연방대법원은 이 조건과 해안 위원회의 공공 해변 접근 보존 이익 사이에 필수적 연관성이 없다고 판단했다. 조건이 제안된 개발과 직접적으로 관련이 없었기 때문에 수용으로 간주되었다.

2) 대략적 비례성(Rough Proportionality)

조건부 수용에 의해 부과된 부담은 제안된 개발의 영향에 대하여 대략적인 비례성이 있어야 한다. 정부는 조건이 성격과 범위 모두에서 예상되는 영향과 관련이 있음을 증명해야 한다.

시 정부는 Dolan에게 사업 확장 허가를 받기 위해 그녀의 토지 일부를 공공 녹지와 보행자/자전거 경로로 제공하도록 요구했다. 연방대법원은 시 정부가 조건부 수용이 제안된 개발의 영향에 비례하는 것을 증명하지 못했다고 판결했다. 부과된 조건이 개발의 영향에 비해 과도했으며, 이는 수용으로 간주되었다.

## 4. 정당한 보상(Just Compensation)

Just compensation means fair market value which is the reasonable value of the property at the time of the taking, reflecting the loss to the owner rather than the gain to the government.

When only a portion of an owner's property is taken, the owner can be compensated for the loss in value to the remaining property. However, the compensation must be reduced by any special benefits conferred by the taking.

Worthless Property: Property without value to the owner but with value to the government may not require compensation.

Return of Property: If the government returns the property, it must still compensate for the period it held the property. The Court held that returning property does not eliminate the obligation to compensate for the period of taking.

정당한 보상은 수용 당시의 공정 시장 가치로, 정부의 이익이 아닌 소유자의 손실을 반영하는 재산의 합리적인 가치를 의미한다.

소유자의 재산 중 일부만 수용될 경우, 소유자는 남은 재산의 가치 하락에 대해 보상받을 수 있다. 그러나 수용으로 인해 부여된 특별한 혜택은 보상 금액에서 차감된다.

무가치 재산(Worthless Property): 소유자에게는 가치가 없지만 정부에 가치는 있는 재산의 경우, 보상이 필요하지 않을 수 있다.

재산 반환(Return of Property): 정부가 재산을 반환하는 경우에도, 해당 재산을 보유했던 기간에 대한 보상을 제공해야 한다. 연방대법원은 재산을 반환하는 것이 수용 기간에 대한 보상 의무를 없애지는 않는다고 판결했다.

이러한 원칙은 재산 소유자가 정부의 수용으로 인해 부당한 손해를 입지 않도록 보장하기 위해 고안되었다. 정부는 합리적인 보상을 통해 재산 소유자의 재산권을 보호해 주어야 한다.

## C 실체적 적법절차(Substantive Due Process)

Substantive Due Process is a principle in the constitutional law that protects certain fundamental rights from government interference, even if procedural protections are present. Unlike procedural due process, which focuses on the fairness of the process by which the government takes away life, liberty, or property, substantive due process concerns the actual rights themselves and whether the government's interference with those rights is justified.

Substantive due process is derived from the Due Process Clauses of the Fifth and Fourteenth Amendments. These clauses have been interpreted by the Supreme Court to protect not only procedural rights but also certain fundamental rights from government infringement.

Substantive due process protects rights that are "fundamental" to the concept of ordered liberty, such as privacy, marriage, family, and bodily integrity. The government must show a compelling interest and that the law is narrowly tailored to infringe upon these rights. Laws infringing on fundamental rights are subject to strict scrutiny, the highest level of judicial review, requiring a compelling state interest and narrow tailoring. For non-fundamental rights, the courts apply rational basis review, where the law only needs a legitimate governmental interest.

실체적 적법절차는 헌법상 원칙으로, 절차적 보호가 있다 하더라도 정부의 간섭으로부터 특정 기본권을 보호한다. 실체적 적법절차는 정부가 생명, 자유, 재산을 박탈하는 과정의 공정성에 중점을 두는 절차적 적법절차와 달리 실제 권리 자체와 그 권리에 대한 정부의 간섭이 정당한지 여부에 중점을 둔다.

실체적 적법절차는 수정헌법 제5조와 제14조의 적법절차 조항에 근거를 두고 있다. 이러한 조항들은 연방대법원에 의해 절차적 권리뿐만 아니라 정부의 침해로부터 특정 기본권을 보호하도록 해석되었다.

실체적 적법절차는 사생활, 결혼, 가족, 신체의 완전성 등 질서 있는 자유의 개념에 대한 기본적인 권리를 보호하는 것이다. 정부는 이러한 권리를 침해하는 경우 중대한 이익을 증명하고 해당 법률이 권리를 제한하는 수단이 최소한의 침해가 되도록 하여야 한다.

기본권을 침해하는 법률은 최고 수준의 사법적 심사인 엄격 심사기준을 적용받으며, 이는 중대한 국가 이익과 법률의 최소한의 적용이 필요하다. 비기본적 권리에 대해서는 법률이 정당한 정부 이익만 필요로 하는 합리적 근거 심사를 받는다.

# VIII | 기본권(Fundamental Rights)

Fundamental rights are those rights that are deeply rooted in the nation's history and traditions, and are considered essential to the concept of ordered liberty. These rights are protected under the Constitution and any law that infringes upon them is subject to strict scrutiny, which requires the law to be necessary to achieve a compelling governmental interest.

Fundamental rights include (1) the right to travel; (2) the right to vote; and (3) the right to privacy (including marriage, sexual relations, abortion, child-rearing, and the right of related persons to live together).

기본권은 국가의 역사와 전통에 깊이 뿌리박혀 있고 질서 있는 자유의 개념에 필수적인 것으로 간주되는 권리이다. 이러한 권리는 헌법에 의해 보호되며, 기본권을 침해하는 법률은 엄격한 심사의 대상이 되는데, 이는 기본권을 침해하는 법률은 중대한 정부 이익을 달성하는 데 필요하다는 것을 요구하는 것이다.

기본권에는 다음의 권리가 포함된다.

1) 이동의 권리(the right to travel): 자유롭게 이동할 수 있는 권리.

2) 투표권(the right to vote): 투표할 권리.

3) 사생활의 권리(the right to privacy): 결혼, 성관계, 낙태, 자녀 양육 및 가족 구성원이 함께 살 수 있는 권리 등 사생활의 권리.

## A 이동의 권리(Right to Travel)

1) Interstate Travel

The right to travel freely between states is recognized as a fundamental right under the Constitution. Individuals can move freely between states without interference. This freedom is inherent in the structure of the United States as a union of states.

Once someone becomes a resident of a state, they must be treated equally concerning state benefits and privileges, just like native-born residents. This principle ensures that new residents are not discriminated against based on the duration of their residency.

The Supreme Court struck down a law that denied welfare benefits to individuals who had not resided in the state for at least a year. The Court held that this requirement unconstitutionally penalized the right to travel by denying basic necessities to new residents and lacked a compelling governmental interest.

2) International Travel

While the right to travel internationally is recognized, it does not hold the same fundamental status as interstate travel, and thus does not trigger strict scrutiny. Restrictions on international travel need only meet the rational basis test.

The U.S. government can impose restrictions on international travel, especially when national security or foreign policy considerations are at stake.

### 1) 주간 이동(Interstate Travel)

주간의 자유로운 이동의 권리는 헌법상 기본권으로 인정된다. 개인들은 주간을 자유롭게 이동할 수 있으며 어떠한 간섭도 받지 않는다. 이 자유는 미국이 주의 연합으로 구성되어 있다는 구조에 내재되어 있다.

누군가가 특정 주의 주민이 되면, 그 주에서 출생한 것 처럼 그 주의 주민들과 동일하게 주의 혜택과 특권에 대해 평등한 대우를 받아야 한다. 이 원칙은 새로운 주민들이 거주 기간에 따라 차별받지 않도록 보장한다.

연방대법원은 최소 1년 이상 해당 주에 거주하지 않은 개인에게 복지 혜택을 거부하는 법을 위헌으로 결정했다. 법원은 이러한 요구가 새로운 주민들에게 기본적인 사항을 제공하지 않음으로써 이동의 권리를 위헌적으로 침해하고 있으며, 중대한 정부의 이익이 결여되어 있다고 판단했다.

### 2) 국제 이동 (International Travel)

국제 이동의 권리는 인정되지만, 주간 이동과 같은 기본권적인 지위를 가지지 않으며, 따라서 엄격한 심사를 적용받지 않는다. 국제 이동에 대한 제한은 합리적 근거 테스트만 충족하면 된다.

미국 정부는 국가 안보나 외교 정책이 관련된 경우 국제 이동에 대한 제한을 가할 수 있다.

## B 투표권(Right to Vote)

The right to vote is a fundamental right guaranteed to all U.S. citizens aged 18 and older by the Twenty-Sixth Amendment. This right extends to all federal, state, and local elections, including primary elections. However, the degree of scrutiny applied to restrictions on this right can vary.

1) Residency Requirements

A government may restrict voting to residents within its jurisdiction, but it cannot arbitrarily deny someone the right to vote due to residency without providing an opportunity to prove residency. This is subject to a rational basis test, which means the restriction must be reasonably related to a legitimate state interest.

It is upheld that the denial of voting rights in city elections to citizens living outside city boundaries, even though they were subject to city business fees.

It is required to give the opportunity to prove residency before being denied the right to vote.

Length of Residency: Subject to strict scrutiny, a state can impose short residency requirements before an election. Upheld a 50-day residency requirement. Struck down longer three-month and one-year residency requirements.

Presidential Elections: Congress can override state residency requirements for presidential elections. Allowed Congress to set uniform residency requirements for federal elections.

2) Property Ownership

Generally, property ownership cannot be used as a criterion for voting rights. A limited exception exists for elections involving special-purpose entities, such as a water-storage district.

3) Poll Tax

A poll tax (payment of a fee to vote) is prohibited by the Twenty-Fourth Amendment for federal elections and by the Equal Protection Clause for all elections.

4) Felon Voting

States may deny voting rights to felons, including those who have completed their sentences.

5) Voter ID

States may require voters to present government-issued photo IDs, a requirement that has been deemed non-discriminatory and not subject to strict scrutiny.

투표권은 18세 이상의 모든 미국 시민에게 보장된 기본권으로, 수정헌법 제26조에 명시되어 있다. 이 권리는 모든 연방, 주, 지방 선거 및 예비 선거까지 확대된다. 그러나 이 권리에 대한 제한에 적용되는 심사의 정도는 다양할 수 있다.

1) 거주 요건(Residency Requirements)

정부는 관할권 내 거주자에게 투표를 제한할 수 있지만, 거주를 이유로 누군가의 투표권을 자의적으로 박탈할 수 없으며, 거주를 증명할 기회를 제공해야 한다. 이는 합리적 근거 테스트를 받으며, 제한은 정당한 국가 이익과 합리적으로 관련되어야 한다는 것을 의미한다.

도시 경계 밖에 거주하는 시민에게 도시 선거에서의 투표권을 부여하지 않는 것은 합헌이다. 투표권을 거부하기 전에 거주를 증명할 기회를 제공해야 한다.

거주 기간(Length of Residency): 엄격한 심사에 따라, 주는 선거 전에 짧은 거주 요건을 부과할 수 있다. 50일 거주 요건은 합헌이었지만, 3개월 및 1년 이상의 거주 요건은 위헌으로 결정되었다.

대통령 선거(Presidential Elections): 의회는 대통령 선거에 대한 주 거주 요건을 무시할 수 있다. 의회는 연방 선거를 위한 일관된 거주 요건을 설정할 수 있다.

2) 재산 소유(Property Ownership)

일반적으로 재산 소유는 투표권의 기준으로 사용될 수 없다. 특별 목적 단체, 예를 들어 수자원 저장구역과 관련된 선거에 대해 제한적인 예외가 존재한다.

3) 인두세(Poll Tax)

인두세(투표를 위해 요금을 지불하는 것)는 연방 선거에서 수정헌법 제24조에 의해, 모든 선거에서 평등 보호 조항에 의해 금지된다.

4) 범죄자 투표(Felon Voting)

주들은 범죄자에게, 심지어 형기를 마친 사람에게도 투표권을 거부할 수 있다.

5) 유권자 신분증(Voter ID)

주들은 유권자가 정부 발급 신분증을 제시하도록 요구할 수 있으며, 이 요구는 차별적이지 않고 엄격한 심사의 대상이 되지 않는 것으로 간주된다.

## C 사생활의 권리(Right to Privacy)

The right to privacy is a fundamental right in U.S. constitutional law, protecting individuals from unwarranted governmental intrusion into their personal lives. While not explicitly stated in the Constitution, the right to privacy has been recognized and developed through various Supreme Court rulings as essential to the liberty and autonomy of individuals.

사생활의 권리는 미국 헌법에서 기본적 권리로, 개인의 사생활에 대한 정부의 부당한 간섭으로부터 보호하는 역할을 한다. 헌법에 명시적으로 규정되어 있지는 않지만, 사생활의 권리는 연방대법원 판결들을 통해 인정되고 발전되어 왔으며, 개인의 자유와 자율성에 필수적인 요소로 간주된다.

## 1. 혼인할 권리(Right to Marry)

The right to marry is considered a fundamental privacy right. The Supreme Court has ruled on multiple occasions that this right is protected against unjustified government interference.

The Court recognized that same-sex couples have the right to marry, affirming that the right to marriage is a fundamental liberty protected by the Due Process Clause and the Equal Protection Clause of the Fourteenth Amendment.[39)]

The Court ruled that A state may not enact a statute that prevents marriages between persons solely on the basis of racial classification without violating the Equal Protection and Due Process Clauses of the Fourteenth Amendment.[40)]

혼인할 권리는 기본적인 사생활의 권리로 간주된다. 연방대법원은 여러 차례 이 권리가 정부의 부당한 간섭으로부터 보호받아야 한다고 판결했다.

연방대법원은 동성 커플의 혼인할 권리를 인정했으며, 혼인의 권리가 수정헌법 제14조의 적법절차 조항과 평등권 조항에 의해 보호되는 근본적인 자유라고 확인했다.

또한, 연방대법원은 주가 단순히 인종적 분류에 근거하여 혼인을 금지하는 법을 제정하는 것은 수정헌법 제14조의 평등권 조항과 적법절차 조항을 위반한다고 판결했다.

39) Obergefell v. Hodges, 576 U.S. 644

40) Loving v. Virginia, 388 U.S. 1 (1967)

## 2. 피임약 사용 권리(Right to Use Contraception)

The right to use contraception is protected as a matter of privacy. The Court recognized the right of married couples to use contraceptives, establishing a right to privacy in marital relations.

The Court extended the right to use contraceptives to unmarried individuals, emphasizing that privacy is an individual right, regardless of marital status. The Court struck down laws that limited the sale of contraceptives to individuals older than 16 or required their dispensation by pharmacists only.

피임약 사용 권리는 사생활의 문제로 보호받는다. 연방대법원은 결혼한 부부의 피임약 사용 권리를 인정하였다.

연방대법원은 피임약 사용 권리를 미혼자에게도 확대하였으며, 16세 이상의 개인에게만 피임약 판매를 제한하거나 약사에 의해서만 피임약을 배포하도록 요구하는 법률을 위헌이라 결정하였다.

## 3. 부모의 권리(Parental Rights)

Parents have a fundamental right to make decisions concerning the care, custody, and control of their children.

The Court recognized the right of parents to direct the education and upbringing of their children, including the right to send them to private schools. The Court upheld the right of parents to limit visitation by grandparents, emphasizing parental control over their children's upbringing.

부모는 자녀의 양육, 보호 및 관리에 관한 결정을 내릴 수 있는 기본적인 권리를 가진다.

연방대법원은 부모가 자녀의 교육과 양육을 결정할 권리를 인정했으며, 이 권리에는 자녀를 사립학교에 보낼 권리도 포함된다. 또한, 연방대법원은 조부모의 방문권을 제한할 부모의 권리를 인정하며, 자녀 양육에 대한 부모의 통제권을 강조했다.

## 4. 가족관계(Family Relations)

Family members have a fundamental right to live together and maintain familial relationships.

The Court struck down a zoning ordinance that limited occupancy of a dwelling to members of a single family, recognizing the right of extended family members to live together.[41)]

가족 구성원들은 함께 살고 가족 관계를 유지할 수 있는 기본적인 권리를 가진다.

연방대법원은 한 가구의 거주를 한 가족 구성원으로만 제한하는 토지용도조례를 위헌으로 판결하며, 대가족 구성원이 함께 살 수 있는 권리를 인정했다.

## 5. 성행위(Sexual Conduct)

Private consensual sexual conduct between adults is protected from government interference.

The Court invalidated laws criminalizing private consensual homosexual conduct, ruling that the state has no legitimate interest in regulating such private sexual behavior.

성인 간의 사적인 합의에 따른 성적 행위는 정부의 간섭으로부터 보호받는다.

41) Moore v. City of East Cleveland, 431 U.S. 494 (1977)

연방대법원은 성인 간의 사적인 합의에 따른 동성애 행위를 범죄화하는 법률을 무효화하며, 국가가 그러한 사적인 성적 행위를 규제할 정당한 이익이 없다고 판결했다.

## 6. 낙태 권리(Right to Abortion)

The right to abortion in the United States has been a deeply contentious and evolving issue in constitutional law. It involves the balance between a woman's right to make decisions about her own body and the state's interests in protecting potential life and regulating medical procedures. The legal landscape surrounding abortion has undergone significant changes, particularly through landmark Supreme Court decisions.

1) Constitutional Basis

The right to abortion was initially recognized as part of the broader right to privacy, which the U.S. Supreme Court has derived from the Due Process Clause of the Fourteenth Amendment.

2) Key Supreme Court Cases

a) Roe v. Wade (1973)[42)]

Background: Norma McCorvey (known by the legal pseudonym "Jane Roe") challenged Texas laws that criminalized most abortions. She argued that the laws were unconstitutional because they violated a woman's right to privacy.

Ruling: The Supreme Court, in a 7-2 decision, recognized that the right to privacy under the Due Process Clause of the Fourteenth Amendment extended to a woman's decision to have an abortion. The Court established a framework based on the trimester of pregnancy:

42) Roe v. Wade, 410 U.S. 113 (1973)

i) First Trimester: The decision to have an abortion was solely at the discretion of the woman and her physician.

ii) Second Trimester: The state could regulate abortions but only in ways that are reasonably related to maternal health.

iii) Third Trimester: Once the fetus reaches viability (the ability to survive outside the womb), the state could prohibit abortions except when necessary to protect the life or health of the mother.

iv) Significance: Roe v. Wade was a landmark decision that provided constitutional protection for a woman's right to choose an abortion, balancing this right against state interests.

b) Planned Parenthood v. Casey (1992)[43)]

Background: Pennsylvania enacted laws that imposed several restrictions on abortion, including informed consent, a 24-hour waiting period, parental consent for minors, and spousal notification.

Ruling: The Supreme Court reaffirmed the constitutional right to abortion established in Roe but rejected the trimester framework. Instead, the Court introduced the "undue burden" standard:

i) Undue Burden Test: A state regulation cannot impose a substantial obstacle in the path of a woman seeking an abortion before the fetus reaches viability.

ii) The Court upheld most of Pennsylvania's restrictions, except for the spousal notification requirement, which it found to impose an undue burden.

43) Planned Parenthood of Southeastern Pennsylvania v. Casey, 505 U.S. 833 (1992).

iii) Significance: Casey modified the framework for evaluating abortion restrictions and emphasized that states could regulate abortions, provided they did not impose an undue burden on a woman's right to choose.

c) Dobbs v. Jackson Women's Health Organization (2022)[44)]

Background: Mississippi passed a law banning most abortions after 15 weeks of pregnancy, challenging the precedents set by Roe and Casey, which protected the right to abortion before viability.

Ruling: The Supreme Court, in a 6-3 decision, overturned Roe v. Wade and Planned Parenthood v. Casey. The Court ruled that the Constitution does not confer a right to abortion, and therefore, the authority to regulate abortion is returned to the states and the people.

i) Majority Opinion: The Court argued that the right to abortion was not deeply rooted in the nation's history and traditions and that the Roe and Casey decisions were wrongly decided.

ii) Dissenting Opinion: The dissenting justices emphasized the importance of precedent and the impact of the decision on women's rights and autonomy.

iii) Significance: The Dobbs decision represents a fundamental shift in abortion law, effectively removing federal constitutional protection for the right to abortion and allowing states to regulate or ban abortion as they see fit.

---

44) Dobbs v. Jackson Women's Health Organization, 597 U.S. 215 (2022)

미국에서 낙태 권리는 헌법상 논쟁이 많고 진화해온 문제로, 여성의 자신의 신체에 대한 결정을 내릴 권리와 잠재적 생명을 보호하고 의료 절차를 규제하려는 주 정부의 이익 간의 균형을 다루고 있다. 낙태를 둘러싼 법적 환경은 특히 연방대법원의 판결을 통해 큰 변화를 겪어왔다.

1) 헌법적 근거(Constitutional Basis)

낙태 권리는 처음에 미국 연방대법원이 수정헌법 제14조의 적법절차 조항(Due Process Clause)에서 파생된 광범위한 사생활의 권리의 일부로 인정되었다.

2) 주요 연방대법원 판례(Key Supreme Court Cases)

a) Roe v. Wade (1973)

배경(Background): Norma McCorvey (법적 가명 "Jane Roe ")는 대부분의 낙태를 범죄로 규정한 텍사스 주법이 헌법에 위반된다고 주장하였다. 그녀는 이 법이 여성의 사생활의 권리를 침해한다고 주장했다.

판결(Ruling): 연방대법원은 7-2 결정으로 수정헌법 제14조의 적법절차 조항이 여성의 낙태 결정을 보호한다고 인정했다. 법원은 임신 기간을 3개월 단위로 3개의 분기로 나누어 규칙을 적용하는 3분기 기준을 확립했다.

i) 첫 번째 분기(First Trimester): 여성과 여성의 의사의 재량에 따라 낙태를 결정할 수 있다.

ii) 두 번째 분기(Second Trimester): 국가는 여성의 건강과 합리적으로 관련된 방식으로 낙태를 규제할 수 있다.

iii) 세 번째 분기(Third Trimester): 태아가 자궁 밖에서 생존할 수 있는 능력이 생기게 되면, 주는 산모의 생명이나 건강을 보호하기 위해 필요한 경우를 제외하고는 낙태를 금지할 수 있다.

의미(Significance): Roe v. Wade는 여성의 낙태 선택권에 헌법적 보호를 제공한 중요한 판결로, 여성의 낙태 권리와 주 정부의 이익 간의 균형을 도모하는 판결이었다.

b) Planned Parenthood v. Casey (1992)

배경(Background): 펜실베니아주는 낙태에 대해 동의 절차, 24시간 대기 기간, 미성년자의 부모 동의, 배우자 통지 등의 여러 제한을 부과하는 법을 제정했다.

판결(Ruling): 연방대법원은 Roe에서 확립된 헌법적 낙태 권리를 재확인했지만, 3분기 기준을 폐기했다. 대신 "과도한 부담(undue burden)" 기준을 도입했다.

i) 과도한 부담 테스트(Undue Burden Test): 태아가 자궁 밖에서 생존할 수 있는 시점 이전에 여성의 낙태 선택에 실질적인 장애를 부과하는 주의 규제는 허용되지 않는다.

ii) 연방대법원은 배우자 통지 요구사항을 제외한 펜실베니아의 대부분의 제한을 합헌이라 결정했다. 배우자 통지 요구사항은 과도한 부담을 준다고 판단하였다.

의미(Significance): Casey 판결은 낙태 제한을 평가하는 기준을 수정하고, 국가가 여성의 낙태 선택에 과도한 부담을 주지 않는 한 낙태를 규제할 수 있음을 강조했다.

c) Dobbs v. Jackson Women's Health Organization (2022)

배경(Background): 미시시피주는 임신 15주 이후 대부분의 낙태를 금지하는 법을 제정하며, Roe와 Casey 판례에 반하는 태도를 취했다.

판결(Ruling): 연방대법원은 6-3 결정으로 Roe v. Wade와 Planned Parenthood v. Casey를 뒤집었다. 연방대법원은 헌법이 낙태 권리를 부여하고 있지 않으며, 낙태를 규제할 권한은 주와 국민에게 있다고 판결했다.

i) 다수 의견(Majority Opinion): 연방대법원은 낙태 권리가 국가의 역사와 전통에 깊이 뿌리내리지 않았으며, Roe와 Casey 판

결은 잘못 결정된 것이라고 하였다.

ii) 소수 의견(Dissenting Opinion): 반대 의견을 낸 대법관들은 판례의 중요성과 이 결정이 여성의 권리와 자율성에 미치는 영향을 강조했다.

의미(Significance): Dobbs 판결은 낙태법의 근본적인 변화를 의미하며, 낙태 권리에 대한 연방의 헌법적 보호를 사실상 제거하고 주가 낙태를 규제하거나 금지할 수 있도록 허용했다.

MEMO

# IX | 평등 보호(EQUAL PROTECTION)

The Equal Protection Clause and its interpretation by the courts play a critical role in ensuring that individuals are not subjected to discriminatory treatment by the government. This principle applies to both federal and state actions.

평등 보호 조항과 그에 대한 법원의 해석은 개인이 정부로부터 차별적 대우를 받지 않도록 보장하는 데 중요한 역할을 한다. 이 원칙은 연방 및 주 정부의 모든 행위에 적용된다.

## A 일반 고려사항(General Considerations)

### 1. 헌법적 근거(Constitutional Basis)

1) State Action

The Equal Protection Clause is explicitly found in the Fourteenth Amendment, which applies to state and local governments. It provides that no state shall "deny to any person within its jurisdiction the equal protection of the laws." This means that states cannot create laws or policies that unfairly discriminate against individuals or groups.

2) Federal Action

Although the Equal Protection Clause is not found in the Constitution's text applicable to the federal government, the Supreme Court has held that the Fifth Amendment's Due Process Clause includes an equal protection component.

This interpretation ensures that federal government actions are subject to the same scrutiny as state actions regarding equal protection. The landmark case Bolling v. Sharpe (1954)[45] established this doctrine, ensuring that federal discrimination would be reviewed under the same standards as state discrimination.

### 1) 주 정부 행위(State Action)

평등 보호 조항은 명시적으로 수정헌법 제14조에 규정되어 있으며, 이는 주 및 지방 정부에 적용된다. 이 조항은 어떠한 주도 "그 관할권 내에서 어떠한 사람에게도 법의 평등한 보호를 부인해서는 안 된다"고 규정하고 있다. 이는 주 정부가 개인이나 집단에 대해 불공정하게 차별하는 법률이나 정책을 만들 수 없음을 의미한다.

### 2) 연방 정부 행위(Federal Action)

비록 평등 보호 조항의 내용을 연방 정부에 적용하는 헌법 조문에 명시되어 있지 않지만, 연방대법원은 수정헌법 제5조의 적법절차 조항(Due Process Clause)에 평등 보호의 요소가 포함되어 있다고 판시하였다. 이러한 해석은 연방 정부의 행위도 주 정부의 행위와 마찬가지로 평등 보호에 관한 심사를 받아야 한다는 것을 의미한다. Bolling v. Sharpe (1954) 사건에서 연방대법원은 이 원칙을 확립하여, 연방 정부의 차별이 주 정부의 차별과 동일한 기준으로 심사되도록 하였다.

## 2. 심사 기준(Standards of Review)

When a law or government action is challenged under equal protection principles, courts apply one of three levels of scrutiny: strict scrutiny, intermediate scrutiny, or rational basis review. The level of scrutiny depends on the classification of persons or the type of right being affected.

45) Bolling v. Sharpe, 347 U.S. 497 (1954)

1) Strict Scrutiny

The law or action must be the least restrictive means to achieve a compelling government interest. The government bears the burden of proving that the law is necessary to achieve a compelling interest. Because this is the most rigorous standard, laws rarely survive strict scrutiny Strict scrutiny is applied in cases involving suspect classifications such as race, ethnicity, national origin, and, when state law is involved, alienage.

2) Intermediate Scrutiny

The law must be substantially related to an important government interest. The government typically bears the burden of proving the law is substantially related to an important interest. The Court often requires an "exceedingly persuasive justification" for gender classifications, making this standard closer to strict scrutiny in some cases. Intermediate scrutiny is used for classifications based on gender and legitimacy (i.e., whether a person is born to married parents).

3) Rational Basis

The law is upheld if it is rationally related to a legitimate government interest. Laws are presumed valid under this standard, so the challenger must prove the law is arbitrary or irrational. This standard is very deferential to the government and is applied to classifications not involving suspect or quasi-suspect classifications. Rational basis review applies to laws that make distinctions based on age, disability, wealth, or economic regulation.

법률이나 정부의 행위가 평등 보호 원칙에 따라 위헌 여부에 대한 이의제기를 받을 때, 법원은 엄격 심사(Strict Scrutiny), 중간 심사(Intermediate Scrutiny) 또는 합리적 근거 심사(Rational Basis Review) 중 하나를 적용한다. 적용되는 심사 기준은 사람들의 분류나 영향을 받는 권리의 유형에 따라 달라진다.

### 1) 엄격 심사(Strict Scrutiny)

법률이나 정부의 행위는 중대한 정부 이익을 달성하기 위한 최소한의 제한적인 수단이어야 한다. 정부는 해당 법이 중대한 정부 이익을 달성하는 데 필요하다는 것을 증명할 책임이 있다. 이 기준은 가장 엄격한 심사이기 때문에, 해당 법률이 엄격 심사를 통과하는 경우는 드물다. 엄격 심사는 인종, 민족, 출신 국가 및 주법이 관련된 경우 외국인 지위(Alienage)와 같은 의심 분류(suspect classifications)에 관한 사건에 적용된다.

### 2) 중간 심사(Intermediate Scrutiny)

법률은 중요한 정부 이익과 실질적으로 관련되어야 한다. 정부는 일반적으로 해당 법이 중요한 이익과 실질적으로 관련이 있다는 것을 증명할 책임을 진다. 성별 분류의 경우, 법원은 종종 "매우 설득력 있는 정당성(exceedingly persuasive justification)"을 요구하기 때문에, 이 기준은 일부 사건에서 엄격 심사에 더 가깝다. 중간 심사는 성별과 혼외자에 기초한 분류에 적용된다.

### 3) 합리적 근거 심사(Rational Basis Review)

법률은 정당한 정부 이익과 합리적으로 관련이 있는 경우 합헌이 된다. 이 기준 하에서는 법률이 유효한 것으로 추정되므로, 위헌이라고 주장하는 자(Challenger)가 해당 법률이 자의적이거나 비합리적이라는 것을 증명해야 한다. 이 기준은 정부에 매우 유리하며, 의심 분류나 준의심 분류와 관련되지 않은 경우에 적용된다. 합리적 근거 심사는 연령, 장애, 재산, 경제 규제에 따른 구별을 만드는 법률에 적용된다.

## 3. 차별 증명(Proving Discrimination)

In Equal Protection Clause cases, proving discrimination is key to determining whether a law or government action will be subject to strict or intermediate scrutiny. To successfully challenge a law under these standards of review, a plaintiff must demonstrate that the government acted with a discriminatory intent. The presence of a disparate impact alone - meaning that a law disproportionately affects a certain group - does not automatically trigger these levels of scrutiny. Instead, there must be evidence of intent behind the discrimination.

1) Facial Discrimination

A law is considered facially discriminatory if its language explicitly creates distinctions between different classes of persons. This type of discrimination is clear and obvious from the text of the law itself.

For example, an ordinance that explicitly states that only males will be considered for a city's firefighter training academy is facially discriminatory. Here, the law itself directly creates a gender-based classification.

2) Discriminatory Application

A law that appears neutral on its face may still be discriminatory if it is applied in a manner that disproportionately affects a particular group. To invalidate such a law, the challenger must prove that it was applied with a discriminatory purpose.

For example, a city ordinance governing admission to a police academy might be written in neutral terms, not specifying gender. However, if, in practice, only men are admitted, and this is done with the intent to exclude women, the law is being applied in a discriminatory manner.

3) Discriminatory Motive

A law that is neutral both in its language and its application might still have a discriminatory impact on a particular group. However, to trigger strict or intermediate scrutiny, there must be proof that the law was enacted with a discriminatory motive or intent. Mere disparate impact is not enough; there must be evidence that the law was designed or intended to disadvantage a specific group.

For example, a city's paramedic training program might set a minimum height requirement for applicants. While this requirement seems neutral on its face, it disproportionately excludes women from the program. If it can be shown that the height requirement was implemented with the intent to discriminate against women, it would be considered to have a discriminatory motive.

평등 보호 조항(Equal Protection Clause) 사건에서, 차별을 증명하는 것은 법률이나 정부의 행위가 엄격 심사(Strict Scrutiny) 또는 중간 심사(Intermediate Scrutiny)를 받을 것인지를 결정하는 데 핵심적인 요소이다. 이러한 심사 기준에 따라 법률의 위헌성을 주장하는 원고는 정부가 차별적 의도를 가지고 행위를 했다는 것을 증명해야 한다. 단순히 법률이 특정 집단에 불균형적인 영향을 미친다는 사실만으로는 이러한 심사를 자동으로 촉발하지 않는다. 차별 뒤에 있는 의도가 증명되어야만 엄격 또는 중간 심사가 적용된다.

### 1) 명시적 차별(Facial Discrimination)

법률이 명시적으로 다양한 사람들 간의 구별을 만든다면, 이는 명시적 차별로 간주된다. 이러한 유형의 차별은 법률의 언어 자체에서 명확하게 드러난다.

예를 들어, 남성만이 도시의 소방훈련 아카데미에 지원할 수 있다고 명시한 조례는 명시적 차별이다. 이 법률 자체가 성별에 기반한 분류를 직접적으로 명시하고 있다.

### 2) 차별적 적용(Discriminatory Application)

표면적으로는 중립적인 법률이라도 특정 집단에 불균형적으로 영향을 미치도록 적용되는 경우 여전히 차별적일 수 있다. 이러한 법률을 무효화하려면, 원고는 그것이 차별적 목적으로 적용되었음을 증명해야 한다.

예를 들어, 경찰 아카데미 입학을 규율하는 시 조례가 중립적인 용어로 작성되었고 성별을 명시하지 않았다 하더라도, 실제로 남성만이 입학을 허가 받고 있고 여성을 배제하기 위한 의도로 이루어진 것이라면, 이 법은 차별적으로 적용된 것이다.

### 3) 차별적 동기 (Discriminatory Motive)

법률이 그 언어와 적용에서 모두 중립적일지라도, 특정 집단에 불균형적인 영향을 미칠 수 있다. 그러나 엄격 심사나 중간 심사를 촉발하려면, 해당 법률이 차별적 동기나 의도를 가지고 제정되었다는 증거가 있어야 한다. 단순한 불균형적 영향만으로는 충분하지 않으며, 법률이 특정 집단을 불리하게 만들기 위해 설계되었거나 의도되었다는 증거가 필요하다.

예를 들어, 한 도시의 응급구조사 훈련 프로그램이 지원자에게 최소 신장 요건을 설정할 수 있다. 이 요건은 표면적으로는 중립적으로 보이지만, 여성들을 프로그램에서 배제하는 결과를 초래할 수 있다. 만약 이 신장 요건이 여성에 대한 차별적 의도를 가지고 시행된 것임을 증명할 수 있다면, 이는 차별적 동기를 가진 것으로 간주될 것이다.

## B 의심 분류(Suspect Classifications)

Suspect classifications refer to categories or classes of people that, when discriminated against by law, trigger the application of strict scrutiny - the most rigorous form of judicial review. Under this standard, a law or government action that classifies people based on race, ethnicity, national origin, or, in some cases, alienage, will be upheld only if it is necessary to achieve a compelling governmental interest and is narrowly tailored to achieve that interest.

의심 분류는 법률에 의해 차별받는 특정 범주나 계층의 사람들을 지칭하며, 이에 대해 차별이 발생할 경우 엄격 심사라는 가장 엄격한 형태의 사법 심사가 적용된다. 엄격 심사가 적용되는 경우에는 인종, 민족, 국적 또는 경우에 따라 외국인 신분에 기반한 사람들을 분류하는 법률이나 정부의 행위는 오직 그것이 중대한 정부의 이익을 달성하는 데 필요하고, 그 이익을 달성하기 위해 좁게 제한된 경우에만 합헌으로 유지될 수 있다.

## 1. 인종, 민족, 국적(Race, Ethnicity, and National Origin)

Laws that intentionally disadvantage individuals based on race, ethnicity, or national origin are subject to strict scrutiny. Historically, such laws have almost always been struck down for failing to meet the compelling state interest standard.

A notable exception was Korematsu v. United States (1944)[46], where the Supreme Court upheld the internment of Japanese-Americans during World War II on the grounds of national security.

1) School Integration

Intentional Segregation: For school segregation to violate the Equal Protection Clause, it must be intentional (de jure segregation).

Court-Ordered Remedies: Courts may order remedies such as busing to eliminate intentional segregation, but these remedies must be temporary and terminate once the “vestiges of past discrimination” have been eliminated.

2) Affirmative Action

Affirmative action programs designed to favor racial or ethnic minorities are also subject to strict scrutiny.

46) Korematsu v. United States, 323 U.S. 214 (1944)

a) Past Discrimination by Government

The government must prove that it is remedying its own past discrimination and that the affirmative action program is narrowly tailored to end that discrimination and eliminate the effects of that discrimination. General societal injustice does not justify affirmative action.

b) Diversity in Public Elementary and High Schools

A school district cannot assign students to schools based on race unless it is necessary to achieve a compelling interest, such as remedying past discrimination. However, facially race-neutral criteria that achieve similar results are permissible, such as strategic site selection for new schools or the redrawing of attendance zones.

c) Diversity in Public Universities and Colleges

Race can be used as a "plus factor" in admissions decisions to achieve diversity, but racial quotas or race as a determinative criterion are unconstitutional.

d) Private Affirmative Action

The Equal Protection Clause does not apply to private employers, but discrimination by private entities is regulated by federal statutes, such as those enacted under the Thirteenth and Fourteenth Amendments and the Commerce Clause.

3) Racial Gerrymandering

Legislative district boundaries cannot be predominantly determined based on race. Such racial gerrymandering violates equal protection unless it can survive strict scrutiny.

인종, 민족 또는 국적을 근거로 개인에게 불이익을 제공하는 법률은 엄격 심사의 대상이 된다. 역사적으로 이러한 법률은 거의 항상 중대한 국가 이익 기준을 충족하지 못해 위헌으로 폐지되어 왔다.

다만 Korematsu v. United States (1944) 사건에서는 연방대법원이 제2차 세계대전 중 일본계 미국인의 강제 수용을 국가 안보의 이유로 합헌으로 인정한 예외적인 사례가 있다.

### 1) 학교 통합(School Integration)

고의적 분리(Intentional Segregation): 학교 분리가 평등 보호 조항을 위반하려면 그 분리는 고의적이어야 한다.

법원 명령에 따른 구제(Court-Ordered Remedies): 법원은 고의적인 분리를 제거하기 위해 강제 버스 통학(busing)과 같은 구제를 명령할 수 있으나, 이러한 구제는 일시적이어야 하며 과거 차별의 잔재가 제거되면 종료되어야 한다.

### 2) 적극적 조치 (Affirmative Action)

소수 인종 또는 민족을 우대하기 위한 적극적 조치 프로그램도 엄격 심사의 대상이 된다.

a) 과거의 정부의 차별(Past Discrimination by Government)

정부는 자발적으로 자신의 과거 차별을 시정하고 있다는 사실을 증명해야 하며, 적극적 조치 프로그램이 그 차별을 종식시키고 그 효과를 제거하기 위해 좁게 제한되어야 한다. 일반적인 사회적 불공정은 적극적 조치를 정당화하지 않는다.

b) 공립 초등학교 및 고등학교의 다양성(Diversity in Public Elementary and High Schools)

학군은 과거 차별을 시정하기 위한 것이 아니라면 인종을 근거로 학생들을 학교에 배정할 수 없다. 그러나 새로운 학교의 전략적 부지 선정이나 학군 재설정과 같이 유사한 결과를 달성할 수 있는 인종 중립적인 기준은 허용된다.

c) 공립 대학의 다양성(Diversity in Public Universities and Colleges)

인종은 다양성을 달성하기 위한 입학 결정에서 "추가 요인(plus factor)"으로 사용할 수 있지만, 인종 할당제 또는 인종을 결정적 기준으로 삼는 것은 위헌이다.

d) 민간 적극적 조치(Private Affirmative Action)

평등 보호 조항은 민간 고용주에게 적용되지 않지만, 민간 단체에 의한 수정헌법 제13조 및 제14조와 상거래 조항에 따라 제정된 연방법에 의해 규제된다.

3) 인종적 게리맨더링(Racial Gerrymandering)

입법구역 경계는 인종을 주된 근거로 결정될 수 없다. 이러한 인종적 게리맨더링은 엄격 심사를 통과하지 않는 한 평등 보호를 위반한다.

## 2. 외국인 신분(Alienage)

Classifications based on alienage are also suspect and typically subject to strict scrutiny, although there are important distinctions depending on whether the classification is federal or state and the context in which it is applied.

1) State Classifications

State laws that discriminate against aliens are usually subject to strict scrutiny and often struck down, such as laws barring aliens from owning land, obtaining commercial licenses, or receiving welfare benefits.

Exception (Participation in Government Functions): State laws restricting aliens from participating in government functions, like voting or holding public office, are subject to a less rigorous rational basis review. Such laws are generally upheld if they are rationally related to a legitimate state interest. This includes laws preventing aliens from serving on juries or being employed as police officers, probation officers, or public-school teachers.

2) Federal Classification

The federal government has broad authority over immigration and alienage under Article I of the Constitution. As a result, federal alienage classifications are generally upheld unless they are arbitrary or unreasonable. For instance, the Supreme Court upheld a federal law requiring a five-year residency period for Medicare eligibility for lawful resident aliens.

3) Undocumented Aliens

Undocumented aliens are not considered a suspect class. However, states cannot deny undocumented children access to primary or secondary public education, as established in Plyler v. Doe (1982).[47]

외국인 신분에 따른 분류도 의심 분류로 간주되며, 일반적으로 엄격 심사의 대상이 되지만, 이 분류가 연방 정부인지 주 정부인지, 그리고 적용되는 맥락에 따라 중요한 차이가 있다.

#### 1) 주 정부의 분류(State Classifications)

주법이 외국인을 차별하는 경우, 보통 엄격 심사의 대상이 되며, 외국인의 토지 소유, 상업 면허 취득, 복지 혜택 수급을 금지하는 법률 등이 종종 위헌으로 결정된다.

예외(정부 기능 참여(Participation in Government Functions)): 외국인의 정부 기능 참여를 제한하는 주법은 덜 엄격한 합리적 근거 심사의 대상이 된다. 이러한 법률은 정당한 주 이익과 합리적으로 관련이 있는 경우 일반적으로 인정된다. 여기에는 외국인이 배심원으로 봉사하거나 경찰관, 보호관찰관, 공립학교 교사로 고용되는 것을 금지하는 법률이 포함된다.

47) Plyler v. Doe, 457 U.S. 202 (1982)

### 2) 연방 정부의 분류(Federal Classification)

연방 정부는 헌법 제1조에 따라 이민과 외국인 신분에 대한 광범위한 권한을 가진다. 따라서 연방 정부의 외국인 신분 분류는 자의적이거나 불합리하지 않는 한 일반적으로 인정된다. 예를 들어, 합법적 거주 외국인에 대해 메디케어(Medicare) 자격을 위해 5년 거주 요건을 요구하는 연방법은 연방대법원에 의해 인정되었다.

### 3) 불법 체류 외국인(Undocumented Aliens)

불법 체류 외국인은 위헌의 의심이 가는 계층으로 간주되지 않는다. 그러나 주 정부는 불법 체류 외국인 자녀에게 초등 및 중등 공교육 접근을 금지할 수 없으며, 이는 Plyler v. Doe (1982) 사건에서 확립된 원칙이다.

## C 준의심 분류(Quasi-Suspect Classifications)

Quasi-suspect classifications refer to categories that, while not as strictly scrutinized as suspect classifications, still require closer judicial examination than ordinary classifications. These are subject to intermediate scrutiny, which demands that the government show the classification is substantially related to an important governmental interest.

준의심 분류는 비록 의심 분류만큼 엄격한 심사를 받지는 않지만, 일반적인 분류보다 더 면밀한 사법적 검토가 요구되는 범주를 말한다. 이러한 분류는 중간 심사의 대상이 되며, 정부는 이 분류가 중요한 정부 이익에 실질적으로 관련되어 있음을 증명해야 한다.

## 1. 성별(Gender)

Gender discrimination is treated as quasi-suspect, meaning that any law or government action that treats individuals differently based on gender must pass intermediate scrutiny. This requires the government to prove that the law or policy is substantially related to achieving an important governmental interest. Importantly, the Supreme Court has stressed that the government must provide an “exceedingly persuasive justification” for any gender-based distinction.

1) Discrimination Against Women

Gender classifications that discriminate against women are typically invalidated under intermediate scrutiny. The government must demonstrate that the discriminatory practice is substantially related to an important governmental interest, which is often difficult to justify.

A state law that automatically preferred men over women as administrators of estates was struck down because the government could not justify gender preference.

The Virginia Military Institute could not exclude women from admission to public college based on overbroad generalizations about the physical capabilities and preferred educational methods of males and females.

2) Discrimination Against Men

Intentional discrimination against males is generally struck down for violating equal protection. However, there have been cases where discrimination against men has been upheld, provided the government could demonstrate a substantial relation to an important interest.

The Supreme Court upheld the requirement that only men register for the draft, citing the important governmental interest in preparing combat troops, a role historically and legally restricted to men.

A law that imposed criminal liability for statutory rape only on men was upheld based on the government's interest in preventing teenage pregnancies.

3) Affirmative Action

Affirmative action programs that favor women to remedy past discrimination have generally been upheld. Such programs are considered a legitimate governmental interest, provided they are substantially related to addressing gender-based discrimination.

The Court upheld a Social Security provision that provided more favorable treatment to women as a means of redressing past discrimination.

A statute that gave female naval officers more time to achieve a promotion before being discharged was upheld, as it addressed historical disadvantages faced by women in the military.

성별 차별은 준의심 분류로 간주되며, 성별에 따라 개인을 다르게 대우하는 법이나 정부 조치는 중간 심사를 통과해야 한다. 즉, 정부는 해당 법이나 정책이 중요한 정부 이익을 달성하는 데 실질적으로 관련되어 있음을 증명해야 한다. 특히, 연방대법원은 정부가 성별 기반 차별을 정당화하기 위해 "매우 설득력 있는 정당성(exceedingly persuasive justification)"를 제공해야 한다고 강조해 왔다.

#### 1) 여성에 대한 차별(Discrimination Against Women)

여성을 차별하는 성별 분류는 대체로 중간 심사에서 무효화된다. 정부는 차별적 관행이 중요한 정부 이익과 실질적으로 관련되어 있음을 증명해야 하며, 이러한 차별을 정당화하기는 보통 어렵다.

남성을 여성보다 우선적으로 상속재산 관리자로 임명하는 주법은 정부가 성별 선호를 정당화할 수 없었기 때문에 위헌으로 결정되었다.

버지니아 군사 연구소(Virginia Military Institute)가 남성과 여성의 신체 능력과 선호하는 교육 방법에 대한 지나친 일반화에 기초해 여성을 공립 대학 입학에서 배제할 수 없다.

### 2) 남성에 대한 차별(Discrimination Against Men)

남성을 의도적으로 차별하는 경우는 일반적으로 평등 보호 조항을 위반하는 것으로 간주되어 무효화된다. 그러나 일부 경우에서는 정부가 중요한 이익과의 실질적 관련성을 증명할 수 있는 경우, 남성에 대한 차별이 합헌이라고 결정하기도 했다.

연방대법원은 전투병 준비를 위해 남성만 징병에 등록하도록 요구한 규정을 합헌이라 결정하였는데, 이는 역사적으로 그리고 법적으로 남성에게 제한된 역할을 감안한 중요한 정부 이익이 있었다는 이유에서였다.

미성년자와의 성관계를 처벌하는 법률상 강간죄(statutory rape)에 대해 남성에게만 형사 책임을 부과하는 법률은 청소년 임신을 예방하려는 정부의 이익을 근거로 합헌으로 결정이 났다.

### 3) 적극적 조치(Affirmative Action)

과거의 차별을 구제하기 위해 여성을 우대하는 적극적 조치 프로그램은 일반적으로 합헌으로 결정되었다. 이러한 프로그램은 성별 기반 차별을 해결하기 위한 정당한 정부 이익으로 간주된다.

연방대법원은 여성을 구제하기 위한 수단으로 여성에게 더 유리한 대우를 제공한 사회보장법 규정을 합헌이라 했다.

여성 해군 장교들이 해임되기 전에 승진할 시간을 더 많이 부여한 법률은 군대에서 여성들이 직면한 역사적 불이익을 해결하기 위한 것으로 합헌으로 결정되었다.

## 2. 혼외자(Legitimacy)

Legitimacy refers to classifications based on whether a child is born to married or unmarried parents. Such classifications are subject to intermediate scrutiny, meaning the law must be substantially related to an important governmental interest.

The Court has generally struck down laws that punish or disadvantage children based on the marital status of their parents.

A state law that denied welfare benefits to children born out of wedlock was struck down as unconstitutional. A state law denying workers' compensation benefits to nonmarital children upon the death of a parent was invalidated. A law preventing a nonmarital child from inheriting from an intestate father was struck down.

Paternity Actions: The Court has also ruled that states cannot impose more onerous requirements on nonmarital children seeking child support than they do on children of married parents. The Court struck down a law that imposed a shorter statute of limitations on paternity suits for nonmarital children seeking child support.

혼외자에 따른 차별은 부모가 혼인한 상태에서 출생한 자녀인지 아닌 지에 따라 분류하는 것을 의미한다. 이러한 분류는 중간 심사의 대상이 되며, 법률은 중요한 정부 이익과 실질적으로 관련되어 있어야 한다.

연방대법원은 일반적으로 부모의 혼인 상태에 따라 자녀에게 불이익을 주는 법률을 위헌으로 결정하였다.

혼외자에게 복지 혜택을 부인하는 주법은 위헌으로 무효화되었다. 부모의 사망 시 혼외자에게 근로자 보상 혜택을 부인하는 주법도 위헌으로 결정되었다. 혼외자가 유언 없이 사망한 아버지로부터 상속받는 것을 금지하는 법률도 위헌으로 결정되었다.

친자 확인 소송(Paternity Actions): 연방대법원은 혼외자가 자녀 양육비를 청구할 때 혼인한 부모의 자녀보다 더 엄격한 요건을 부과할 수 없다고 판시했다. 연방대법원은 혼외자가 자녀 양육비를 청구하기 위한 친자 확인 소송에 더 짧은 제소 기간을 적용하는 법률을 위헌으로 결정하였다.

## D 비의심 분류(Non-Suspect Classifications)

Non-suspect classifications are categories that, when used by the government to differentiate between groups of people, do not trigger heightened scrutiny under equal protection analysis. These classifications are typically subject to the rational basis standard of review, the most lenient level of scrutiny, where the law or governmental action will be upheld if it is rationally related to a legitimate government interest.

비의심 분류는 정부가 사람들 간의 차별을 위해 사용하는 분류 기준으로, 평등 보호 분석에서 엄격한 심사를 유발하지 않는 범주를 말한다. 이러한 분류는 일반적으로 합리적 근거 심사의 대상이 되며, 이는 가장 관대한 수준의 심사로서, 법률이나 정부의 행동이 합리적으로 정당한 정부 이익과 관련이 있을 경우 합헌이다.

이러한 경우, 법률은 정부의 목적이 정당하고 합리적인 방법을 통해 달성될 수 있다고 보여지기만 하면 된다. 비의심 분류는 주로 연령, 경제적 지위 등과 관련된 분류에 적용된다. 이러한 분류는 합리적 근거 심사를 통과하기 때문에, 법률은 일반적으로 합헌으로 유지되며 위헌이라고 주장하는 자는 해당 법률이 자의적이거나 비합리적이라는 점을 증명해야 한다.

### 1. 연령(Age)

Age classifications are subject to the rational basis standard of review. This means that laws discriminating based on age will typically be upheld as long as the government can show that the law is rationally related to a legitimate governmental purpose.

The Supreme Court upheld a mandatory retirement age of 50 for police officers, reasoning that the state's interest in ensuring a physically fit police force was legitimate and that the age classification was rationally related to that interest.

연령 기준 분류는 합리적 근거 심사의 대상이 된다. 이는 연령을 기준으로 차별하는 법률이 정부가 그 법률이 정당한 정부 목적과 합리적으로 관련이 있음을 증명할 수 있는 한, 일반적으로 합헌이라는 것을 의미한다.

연방대법원은 경찰관의 정년을 50세로 정한 법률을 합헌이라고 판결하였다. 법원은 신체적으로 건강한 경찰력을 확보하려는 주의 이익이 정당하며, 이러한 연령 분류가 그 목적과 합리적으로 관련이 있다고 판단했다.

## 2. 재산(Wealth)

Most classifications based on wealth are also subject to rational basis review, meaning they are usually upheld. However, when a classification based on wealth affects the exercise of a fundamental right, such as access to the courts or the right to vote, strict scrutiny may apply.

The Supreme Court held that denying an indigent criminal defendant access to adequate appellate review violates the Due Process and Equal Protection Clauses of the Fourteenth Amendment.[48)]

The Court struck down poll taxes, ruling that conditioning the right to vote on the ability to pay a fee was unconstitutional because wealth was not related to a citizen's ability to vote.[49)]

48) Griffin v. Illinois, 351 U.S. 12 (1956)

49) Harper v. Virginia Bd. of Elections, 383 U.S. 663 (1966)

재산을 기준으로 한 대부분의 분류는 합리적 근거 심사의 대상이 되며, 이는 일반적으로 합헌이라는 것을 의미한다. 그러나 재산을 기준으로 한 분류가 법원에 대한 접근권이나 투표권과 같은 기본권의 행사를 침해할 때는 엄격한 심사가 적용될 수 있다.

연방대법원은 경제적으로 가난한 형사 피고인에게 적절한 항소 심리를 거부하는 것은 수정헌법 제14조의 적법절차 조항과 평등 보호 조항을 위반한다고 판결했다.

연방대법원은 투표권을 수수료 납부 능력에 연계하는 것은 위헌이라고 판결하며, 인두세(poll tax)를 무효화했다. 재산은 시민의 투표 능력과 관련이 없기 때문에 이러한 분류는 정당화될 수 없다는 이유에서였다.

### 3. 성적 지향(Sexual Orientation)

There is currently a division among federal courts on the appropriate level of scrutiny for laws discriminating based on sexual orientation. While the Supreme Court has struck down some laws affecting sexual orientation under a rational basis review, the exact standard remains unsettled in some contexts.

The Court invalidated a Colorado constitutional amendment that prohibited any state or local government action to protect persons from discrimination based on their sexual orientation. The Court ruled that the law was motivated by animosity toward a specific class of people, which was not a legitimate government interest, thereby failing even the rational basis test.[50)]

성적 지향을 기준으로 차별하는 법률에 대해 적용할 적절한 심사 기준에 대해 연방 법원들 사이에서는 현재 의견이 분분하다. 연방대법원은 성적 지향에 영향을 미치는 일부 법률을 합리적 근거 심사를 적용하여 무효화했지만, 일부 상황에서

50) Romer v. Evans, 517 U.S. 620 (1996).

는 정확한 기준이 아직 확립되지 않았다.

연방대법원은 성적 지향을 이유로 차별을 금지하는 주 및 지방 정부의 조치를 금지하는 콜로라도 주 헌법 개정을 무효화했다. 법원은 해당 법이 특정 계층에 대한 적대감을 이유로 만들어졌으며, 이는 합리적 근거 심사조차 통과할 수 없는 정당한 정부 이익이 아니라고 판결했다.

MEMO

# X | 표현과 결사의 자유 (FREEDOM OF SPEECH AND ASSOCIATION)

The First Amendment to the Constitution protects several fundamental rights, including freedom of speech, freedom of the press, the right to peaceably assemble, and the right to petition the government for a redress of grievances. The First Amendment originally applied only to the federal government, but through the doctrine of incorporation via the Fourteenth Amendment, these protections have been extended to apply to state and local governments as well.

Constitutional Basis (First Amendment): "Congress shall make no law...abridging the freedom of speech, or of the press; or the right of the people peaceably to assemble, and to petition the Government for a redress of grievances."

Freedom of speech and association are fundamental rights that are essential to a functioning democracy. While these rights are broadly protected under the First Amendment, they are not absolute and are subject to certain restrictions, particularly when it comes to maintaining public order, safety, and national security. The balance between protecting these freedoms and addressing other societal needs continues to be a dynamic and evolving area of constitutional law.

수정헌법 제1조는 표현의 자유, 언론의 자유, 평화적인 집회의 권리 및 정부에 대한 청원권을 포함한 여러 기본적인 권리를 보호한다. 수정헌법 제1조는 원래 연방 정부에만 적용되었으나, 수정헌법 제14조를 통한 편입 원칙(Incorporation Doctrine)을 통해 이러한 보호 조항들이 주 정부와 지방 정부에도 적용되도록 확장되었다.

헌법적 근거 (수정헌법 제1조): "의회는... 표현의 자유 또는 언론의 자유를 제한하거나, 사람들이 평화롭게 모일 권리와 정부에 청원을 제기할 권리를 침해하는 법을 제정하지 못한다."

표현과 결사의 자유는 민주주의의 원활한 기능을 위해 필수적인 기본권이다. 이러한 권리들은 수정헌법 제1조에 의해 광범위하게 보호되지만, 공공 질서 유지, 안전, 국가 안보와 관련된 상황에서는 절대적이지 않으며 일정한 제한을 받을 수 있다. 이러한 자유를 보호하는 것과 다른 사회적 필요를 조율하는 것은 헌법에서 계속해서 변화하고 발전하는 영역이다.

## A 표현의 자유(Freedom of Speech)

### 1. 내용의 규제(Regulation of Content)

The regulation of speech is generally categorized into content-based and content-neutral regulations, each subject to different levels of judicial scrutiny.

1) Content-Based Regulation

Content-based regulations are those that restrict or regulate speech based on the specific content or message conveyed. In other words, the regulation targets the subject matter or the viewpoint expressed in the speech.

The regulation applies differently depending on what is being said. For example, a law that bans only anti-government speech or only speech on a specific political issue would be content-based. Content-based regulations often involve viewpoint discrimination, where the government favors or disapproves of a particular viewpoint expressed in the speech.

Strict Scrutiny: Content-based regulations are subject to strict scrutiny, the highest level of judicial review.

Presumption of Unconstitutionality: Such regulations are presumed to be unconstitutional unless the government can meet the strict scrutiny standard.

The Supreme Court struck down a Texas law that prohibited desecrating the American flag as a form of protest. The Court ruled that the law was content-based because it targeted a specific type of expression - burning the flag in protest - and thus was subject to strict scrutiny, which it failed to pass.

The Supreme Court invalidated a town ordinance that imposed different restrictions on signs based on the message they conveyed (e.g., political, ideological, or directional signs). The Court held that the ordinance was content-based because it regulated signs differently depending on their content, and it could not survive strict scrutiny.

2) Content-Neutral Regulation

Content-neutral regulations do not target speech based on its content or message but rather regulate the time, place, or manner of speech. These regulations apply uniformly, regardless of what is being said.

Intermediate Scrutiny: Content-neutral regulations are subject to intermediate scrutiny.

The Supreme Court upheld a New York City regulation requiring the use of city-provided sound equipment and technicians for concerts in Central Park. The regulation was content-neutral because it was aimed at controlling noise levels rather than regulating the content of the music. The Court applied intermediate scrutiny and found that the regulation served a significant government interest in controlling noise and was narrowly tailored to that interest.

The Supreme Court upheld a National Park Service regulation that prohibited camping in certain parks, including areas where protesters sought to sleep as a form of symbolic speech. The regulation was content-neutral because it applied to all camping, regardless of the purpose, and was intended to maintain the parks. The Court found that the regulation satisfied intermediate scrutiny.

표현의 규제는 일반적으로 내용 기반 규제와 내용 중립 규제로 분류되며, 각각 다른 수준의 사법적 심사를 받는다.

### 1) 내용 기반 규제(Content-Based Regulation)

내용 기반 규제는 특정한 내용이나 메시지를 담고 있는 표현을 제한하거나 규제하는 것이다. 즉, 규제의 대상이 되는 표현의 주제나 견해를 직접적으로 대상으로 삼는다.

이러한 규제는 표현되는 내용에 따라 다르게 적용된다. 예를 들어, 반정부 표현만을 금지하거나 특정 정치적 문제에 관한 표현만을 금지하는 법은 내용 기반 규제에 해당한다. 내용 기반 규제는 종종 정부가 특정 견해를 지지하거나 반대하는 견해 차별(Viewpoint Discrimination)과 관련이 있다.

엄격 심사(Strict Scrutiny): 내용 기반 규제는 사법 심사 중 가장 높은 수준인 엄격 심사의 대상이 된다.

위헌성 추정(Presumption of Unconstitutionality): 내용 기반 규제는 정부가 엄격 심사 기준을 충족하지 않는 한 위헌으로 간주된다.

연방대법원은 항의의 표시로 미국 국기를 훼손하는 행위를 금지한 텍사스 주법을 위헌으로 판결했다. 법원은 이 법이 특정 표현 유형(항의의 수단으로서의 국기 훼손)을 대상으로 했기 때문에 내용 기반 규제로 간주하고, 엄격 심사를 통과하지 못했기 때문에 위헌으로 판단했다.

연방대법원은 메시지에 따라 표지판에 다른 규제를 적용하는 타운의 조례를 무효화했다. 법원은 이 조례가 내용에 따라 표지판을 다르게 규제했기 때문에 내용 기반 규제로 간주하고, 엄격 심사를 통과하지 못했기 때문에 위헌으로 판결했다.

### 2) 내용 중립 규제(Content-Neutral Regulation)

내용 중립 규제는 표현의 내용이나 메시지를 대상으로 하지 않고, 시간, 장소, 방식 등을 규제하는 것이다. 이러한 규제는 표현의 내용에 관계없이 동일하게 적용된다.

중간 심사(Intermediate Scrutiny): 내용 중립 규제는 중간 심사의 대상이 된다.

연방대법원은 뉴욕시가 센트럴 파크에서의 콘서트를 위해 시에서 제공하는 음향 장비와 기술자를 사용하도록 요구한 규제를 합헌으로 판결했다. 이 규제는 음악의 내용을 규제하는 것이 아니라 소음 수준을 통제하려는 목적이었기 때문에 내용 중립적이었다. 법원은 이 규제가 소음 통제라는 중요한 정부의 이익을 추구하며 그 목적에 적절하게 부합한다고 판단했다.

연방대법원은 특정 공원에서 캠핑을 금지한 국립공원 서비스의 규제를 합헌으로 판결했다. 이 규제는 모든 캠핑에 적용되었으며, 공원의 유지를 목적으로 했기 때문에 내용 중립적이었다. 법원은 이 규제가 중간 심사 기준을 충족한다고 판단했다.

## 2. 비보호 표현 및 제한적 보호의 표현 (Unprotected or Less Protected Speech)

While the First Amendment provides robust protection for free speech, certain types of speech are not afforded full constitutional protection. The U.S. Supreme Court has identified specific categories of speech that either receive no protection under the First Amendment or receive only limited protection due to their potential to harm individuals or society.

비록 수정헌법 제1조가 표현의 자유에 대해 강력한 보호를 제공하지만, 특정 유형의 표현은 완전한 헌법적 보호를 받지 못한다. 연방대법원은 개인이나 사회에 해를 끼칠 가능성이 있는 특정한 표현 범주를 식별하여, 이러한 표현이 수정헌법 제1조 하에서 보호를 받지 못하거나 제한적인 보호만을 받는 것으로 판결했다.

### 1) 외설적 표현(Obscenity)

Obscenity is not protected speech. Obscene material is defined as content that meets the following criteria under the Miller test from Miller v. California (1973)[51].

Under the Miller test, the average person, applying contemporary community standards, must find that the material, taken as a whole:

i) Appeals to the prurient interest in sex. This means that it must provoke lustful or lascivious thoughts or desires;

ii) Depicts sexual conduct in a patently offensive way, as defined by community standards; and

iii) Lacks serious literary, artistic, political, or scientific value. Unlike the first two prongs, this prong is evaluated using a national standard. The determination is made by a judge, not a jury, and it assesses whether the material has any redeeming value that would protect it under the First Amendment.

The sale, distribution, and exhibition of obscene material may be prohibited. However, the right to privacy generally precludes criminalization of possession of obscenity in one's own home.[52]

Zoning Ordinances: Local governments may enact zoning laws to restrict the locations of adult theaters or similar establishments if the purpose is to reduce the negative impact on the community. However, these laws cannot be used to ban such establishments entirely.

Regulation of Material for Minors: Material that appeals to the prurient interests of minors can be regulated more strictly than material available to adults. This is true even if the material would not be considered obscene for adults.

---

51) Miller v. California, 413 U.S. 15 (1973)

52) Stanley v. Georgia, 394 U.S. 557 (1969)

외설적 표현은 수정헌법 제1조에 의해 보호되지 않는다. 외설물은 Miller v. California (1973) 사건에서 제시된 밀러 테스트(Miller test)에 따라 정의된다.

밀러 테스트에 따르면, 평균적인 사람과 현대 사회의 기준을 적용해 볼 때, 다음의 세 기준을 충족하는 자료는 외설물로 간주된다.

i) 성적 호기심을 자극하는 음란한 관심에 호소하는 자료. 즉, 음란하거나 호색적인 생각이나 욕망을 불러일으켜야 한다.

ii) 성적 행위를 명백히 불쾌하게 묘사하는 자료, 이는 지역사회의 기준에 따라 판단된다.

iii) 문학적, 예술적, 정치적, 또는 과학적 가치가 심각하게 부족한 자료. 이 기준은 전국적인 기준을 사용해 평가되며, 이 판단은 배심원이 아닌 판사가 내리게 된다. 여기서 판사는 해당 자료가 수정헌법 제1조의 보호를 받을 수 있는 구속력 있는 가치를 지니는지 여부를 평가한다.

외설물의 판매, 배포, 전시는 금지될 수 있다. 그러나 사생활의 권리는 일반적으로 개인이 자신의 집에서 외설물을 소지하는 것을 범죄화하는 것을 금지한다.

토지용도조례(Zoning Ordinances): 지방 정부는 성인 영화관이나 유사한 시설의 위치를 제한하는 조례를 제정할 수 있다. 이 조례의 목적은 지역사회에 미치는 부정적인 영향을 줄이기 위한 것이다. 그러나 이러한 조례는 해당 시설을 완전히 금지하기 위한 것으로 사용될 수는 없다.

미성년자를 위한 자료의 규제(Regulation of Material for Minors): 미성년자의 음란한 관심을 자극하는 자료는 성인에게 제공되는 자료보다 더 엄격하게 규제될 수 있다. 이는 해당 자료가 성인에게는 외설적으로 간주되지 않더라도 규제될 수 있다.

### 2) 아동 포르노(Child Pornography)

Child pornography is a separate category from obscenity, and it is subject to more stringent regulations due to the state's compelling interest in protecting children from exploitation.

Child pornography is defined as sexually explicit visual depictions that involve children. The production, sale, distribution, and even private possession of child pornography are prohibited.

Simulated Child Pornography: Simulated child pornography, which involves the use of young-looking adults or computer-generated images, may not be banned as child pornography because it does not involve real children.

아동 포르노는 외설과는 별개의 범주로, 아동을 착취로부터 보호하려는 국가의 중대한 이익으로 인해 더 엄격한 규제를 받는다.

아동 포르노는 아동이 포함된 성적으로 노골적인 시각적 묘사로 정의된다. 아동 포르노의 제작, 판매, 배포는 물론 개인 소지도 금지된다.

가장된 아동 포르노(Simulated Child Pornography): 젊어 보이는 성인이나 컴퓨터로 생성된 이미지를 사용하는 가장된 아동 포르노는 실제 아동이 관여되지 않았기 때문에 아동 포르노로 금지되지 않는다.

### 3) 도발적 발언(Fighting Words)

Fighting words are not protected by the First Amendment. The U.S. Supreme Court has defined fighting words as those that, by their very utterance, inflict injury or tend to incite an immediate breach of the peace. These words are considered to be of such little social value that they do not merit constitutional protection.

All offensive speech is not qualified as fighting words. In Cohen v. California (1971),[53)] the Court clarified that words must do more than annoy or offend; there must be a genuine likelihood that the speech will provoke imminent violence by a hostile audience.

도발적 발언은 수정헌법 제1조에 의해 보호되지 않는다. 연방대법원은 도발적 발언을 타인에게 상처를 입히거나 즉각적인 평화의 파괴를 유발할 가능성이 있는 발언으로 정의했다. 이러한 발언은 사회적 가치가 매우 낮다고 간주되어 헌법적 보호를 받을 가치가 없다고 여겨진다.

모든 공격적인 발언이 도발적 발언으로 간주되는 것은 아니다. Cohen v. California (1971) 사건에서 연방대법원은 발언이 단순히 성가시거나 불쾌한 수준을 넘어서야 하며, 적대적인 청중에 의해 즉각적인 폭력을 유발할 실질적인 가능성이 있어야 한다고 명확히 했다.

### 4) 폭력 선동(Incitement to Violence)

Incitement to violence is not protected by the First Amendment. The U.S. Supreme Court has established clear guidelines for when the government can lawfully prohibit speech that incites violence or unlawful actions. The key case that sets the standard for incitement is Brandenburg v. Ohio (1969),[54)] which refined earlier tests and clarified the circumstances under which speech can be restricted.

The Brandenburg test is the current legal standard used to determine when speech advocating violence or unlawful action can be prohibited. The test has two prongs, both of which must be satisfied for speech to be lawfully restricted:

53) Cohen v. California, 403 U.S. 15 (1971)

54) Brandenburg v. Ohio, 395 U.S. 444 (1969)

a) The speech must be specifically intended to incite or produce imminent lawless action. This means that the speaker's intent is to provoke immediate illegal activities, such as violence or riots.

b) The speech must be likely to actually incite or produce the imminent lawless action that it advocates. This prong requires a real, substantial risk that the speech will result in illegal activities taking place imminently.

The Supreme Court distinguished between the advocacy of abstract doctrine and incitement to action. The Court ruled that advocating the overthrow of the government as an abstract idea is not the same as inciting immediate unlawful acts. For speech to be considered incitement, there must be a direct and substantial call to action, with the speech encouraging immediate unlawful behavior.[55)]

폭력 선동은 수정헌법 제1조에 의해 보호되지 않는다. 연방대법원은 폭력이나 불법 행위를 선동하는 발언을 정부가 적법하게 금지할 수 있는 기준을 명확히 제시해왔다. 이와 관련된 주요 판례는 Brandenburg v. Ohio (1969) 사건으로, 이 사건에서 연방대법원은 이전의 기준을 정교화하고 발언이 제한될 수 있는 상황을 명확히 했다.

브랜든버그 테스트(Brandenburg test)는 폭력이나 불법 행위를 선동하는 발언이 언제 금지될 수 있는지를 판단하는 현재의 법적 기준이다. 이 테스트는 다음의 두 가지 조건을 충족해야 발언이 적법하게 제한될 수 있다.

a) 발언은 즉각적인 불법 행위를 선동하거나 초래하려는 구체적인 의도를 가져야 한다. 이는 발언자가 폭력이나 폭동과 같은 즉각적인 불법 행위를 촉발하려는 의도를 가지고 있어야 함을 의미한다.

55) Yates v. United States, 354 U.S. 298 (1957)

b) 발언이 실제로 즉각적인 불법 행위를 초래할 가능성이 있어야 한다. 이 조건은 발언이 곧바로 불법 행위로 이어질 실질적인 위험이 있음을 요구한다.

연방대법원은 추상적인 교리의 주창과 행동을 선동하는 것을 구분했다. 법원은 정부 전복을 추상적인 아이디어로 주창하는 것은 즉각적인 불법 행위를 선동하는 것과 동일하지 않다고 판결했다. 발언이 선동으로 간주되려면, 발언이 즉각적인 불법 행위를 유도하는 직접적이고 실질적인 행동 촉구를 포함해야 한다.

### 5) 명예훼손(Defamation)

Defamation law addresses defamatory statements that harm someone's reputation. When the plaintiff in a defamation case is a public figure, public official, or when the statement involves a matter of public concern, specific constitutional protections limit the ability to punish defamatory speech.

a) Public Figure or Official

A public figure is someone widely known by the general public or who has thrust themselves into the public eye, such as celebrities, politicians, or others who have sought out the spotlight. A public official, on the other hand, is someone holding a government position, particularly those with significant policy-making responsibilities.

In defamation cases involving public figures or officials, the plaintiff must meet a higher standard of proof. Specifically, the plaintiff must show that the defendant acted with "actual malice." This means the defendant either knew the statement was false or acted with reckless disregard for the truth - publishing it with serious doubts about its accuracy.

The Supreme Court established the actual malice standard for public officials, later extending it to public figures. In this case, the Court held that an advertisement criticizing the police department's response to civil rights protests did not constitute defamation because the plaintiff (a public official) could not prove the statements were made with actual malice.[56)]

b) Public Concern

When the defamatory statement involves a matter of public concern, but the plaintiff is a private individual (not a public figure or official), the standard is different. Here, the plaintiff does not need to prove actual malice but must show that the defendant was at least negligent concerning the truth or falsity of the statement.

A private individual only needs to prove that the defendant acted negligently in failing to ascertain the truthfulness of the defamatory statement. This lower standard reflects the balance between protecting reputations and upholding free speech, especially on matters of public importance.

명예훼손법은 누군가의 평판에 해를 끼치는 진술을 다루는 법이다. 원고가 공인이나 공직자이거나 또는 공익에 관한 문제와 관련된 명예훼손 소송인 경우 명예훼손에 대한 처벌이 일정 부분 제한이 된다. 즉, 일반 불법행위법(Torts)에서의 명예훼손 요건 보다 더 엄격한 요건이 요구된다.[57)]

a) 공인 또는 공직자(Public Figure or Official)

공인은 대중에게 널리 알려진 사람 또는 스스로를 대중의 눈에 내놓은

56) New York Times v. Sullivan, 376 U.S. 254 (1964)

57) 일반 불법행위법상의 명예훼손은 불법행위법(The Law of Torts)을 참고하면 이해에 도움이 될 수 있음. 불법행위법(The Law of Torts)에서는 일반 불법행위법상의 명예훼손과 헌법상의 명예훼손을 비교해서 설명하고 있음.

사람을 의미하며, 여기에는 유명인, 정치인 또는 대중에게 주목을 받는 사람이 포함된다. 반면 공직자는 정부 직위를 가진 사람으로, 특히 중요한 정책 결정 책임을 가진 사람을 의미한다.

공인 또는 공직자와 관련된 명예훼손 사건에서는 원고가 일반 명예훼손 사건에서의 증거보다 더 높은 수준의 증거를 제시해야 한다. 구체적으로, 원고는 피고가 "실질적 악의(actual malice)"를 가지고 행위를 했음을 증명해야 한다. 이는 피고가 한 진술이 허위라는 사실을 알고 있었거나 진실성에 대해 심각한 의문을 가지면서도 무모하게 진술을 하였음을 의미한다.

New York Times v. Sullivan (1964) 사건에서, 연방대법원은 공직자에 대한 명예훼손 사건에서 실질적 악의의 기준을 확립했으며, 이후 이를 공인에게도 확장했다. 이 사건에서 법원은 민권 시위에 대한 경찰 대응을 비판하는 광고가 명예훼손에 해당하지 않는다고 판결했는데, 이는 원고(공직자)가 피고가 실질적 악의로 진술을 했음을 증명하지 못했기 때문이다.

b) 공익적 관심사(Public Concern)

명예훼손 진술이 공익적 관심사와 관련이 있지만, 원고가 공인이나 공직자가 아닌 사인인 경우, 기준이 다르게 적용된다. 이 경우, 원고는 실질적 악의를 증명할 필요는 없지만, 피고가 증명의 진위 여부에 관해 최소한의 과실(negligence)을 범했음을 증명해야 한다.

사인인 원고는 피고가 명예훼손 증명의 진실성을 확인하지 못한 것에 대해 과실로 행위를 했음을 증명하는 것만으로 충분하다. 이 낮은 기준은 명예 보호와 공익적 중요성의 문제에 대한 표현의 자유를 유지하는 균형을 반영하고 있다.

### 6) 상업적 표현(Commercial Speech)

Commercial speech, which includes advertising and other economically oriented expressions, enjoys an intermediate level of protection under the First Amendment. The regulation of commercial speech is evaluated using a four-part test established by the Supreme Court in Central Hudson Gas & Electric Corp. v. Public Service Commission (1980).[58)]

Four-Part Test for Commercial Speech Regulation:

a) The speech in question must concern lawful activity and must not be false or misleading.

   Speech that proposes illegal transactions or is inherently misleading can be prohibited. For example, an advertisement for a fraudulent business scheme or for an illegal product like drugs could be banned.

b) The government must assert a substantial interest in regulating the speech.

   This means that the interest must be more than trivial or speculative; it must be significant. For example, protecting public health by regulating advertisements for tobacco or alcohol products is considered a substantial government interest.

c) The regulation must directly advance the governmental interest asserted.

   There must be a reasonable likelihood that the regulation will achieve the intended goal. For example, banning misleading advertisements about the safety of a product would directly advance the government's interest in protecting consumers.

d) The regulation must be narrowly tailored to serve that interest.

---

58) Central Hudson Gas & Elec. v. Pub. Svc. Comm'n, 447 U.S. 557 (1980).

> This means that there must be a "reasonable fit" between the government's ends and the means chosen to achieve those ends. It does not need to be the least restrictive means available. A Massachusetts law prohibiting tobacco billboards within 1,000 feet of schools was struck down because it effectively barred most outdoor tobacco advertising in urban areas. The Supreme Court found that the law was not narrowly tailored to the goal of protecting children, as it was too broad in its application.

상업적 표현은 광고와 같은 경제적으로 지향된 표현을 포함하며, 수정헌법 제1조 하에서 중간 심사의 보호를 받는다. 상업적 표현의 규제는 연방대법원이 Central Hudson Gas & Electric Corp. v. Public Service Commission (1980) 사건에서 확립한 네 가지 테스트를 사용하여 평가된다.

상업적 표현 규제를 위한 네 가지 테스트(Four-Part Test for Commercial Speech Regulation)

a) 해당 표현은 합법적인 활동에 관한 것이어야 하며, 거짓이거나 오해를 불러일으키지 않아야 한다.

   불법 거래를 제안하거나 본질적으로 오해를 일으키는 표현은 금지될 수 있다. 예를 들어, 사기성 사업 계획에 대한 광고나 마약과 같은 불법 제품의 광고는 금지될 수 있다.

b) 정부는 해당 표현을 규제할 상당한 이익이 있어야 한다.

   상당한 이익은 사소하거나 추상적인 것이 아닌, 중요한 것이어야 함을 의미한다. 예를 들어, 담배나 알코올 제품의 광고를 규제함으로써 공중 보건을 보호하는 것은 상당한 정부 이익으로 간주된다.

c) 규제는 정부 이익을 직접적으로 증진시켜야 한다.

   규제가 의도된 목표를 달성할 합리적인 가능성이 있어야 한다. 예를 들어, 제품의 안전성에 대해 오해를 일으키는 광고를 금지하는 것은 소비

자를 보호하려는 정부의 이익을 직접적으로 증진시킬 것이다.

d) 규제는 그 이익을 달성하기 위해 좁게 제한되어야 한다.

이는 정부의 목표와 이를 달성하기 위해 선택된 수단 간에 "합리적인 적합성(reasonable fit)"이 있어야 함을 의미한다. 이는 반드시 가장 덜 제한적인 수단일 필요는 없다. 매사추세츠 주의 학교에서 1,000피트 이내에서의 담배 광고판을 금지하는 법은 도시 지역에서 대부분의 야외 담배 광고를 사실상 금지했기 때문에 위헌으로 판결되었다. 연방대법원은 이 법이 아동 보호라는 목표에 적합하게 좁게 제한되지 않았다고 판단했으며, 그 적용이 너무 광범위했다고 보았다.

## 3. 시간, 장소, 방식에 관한 규제(Regulation of Time, Place, and Manner)

The government's authority to regulate the time, place, and manner of speech depends significantly on the forum where the speech takes place. The level of scrutiny applied to such regulations varies depending on whether the speech occurs in a public or nonpublic forum.

1) Public Forum

Public forums are places traditionally associated with free speech, such as streets, parks, and sidewalks. These can also include designated (limited) public forums, which are spaces the government has intentionally opened for public expression, such as certain meeting rooms or auditoriums.

The government may impose reasonable restrictions on the time, place, or manner of protected speech as long as:

a) The restriction must be content-neutral, meaning that it must not be based on the content of the speech or the viewpoint expressed. The regulation should apply regardless of the speech's message;

b) The restriction must be narrowly tailored to serve a significant governmental interest; and

c) The regulation must leave open ample alternative channels for communication. People must still have an opportunity to convey their message, albeit in a different manner or place.

The Court upheld a regulation requiring the use of city-provided sound equipment and technicians during concerts in a public park to control noise levels. This was seen as content-neutral and appropriately tailored to the city's interest in controlling sound.

The Court struck down a regulation prohibiting leafleting on public sidewalks surrounding the Supreme Court, holding that such sidewalks are public forums where speech should not be restricted without a compelling interest.

There is no right to engage in targeted picketing at a particular residence. This type of speech is subject to restrictions to protect the privacy and tranquility of the home. Charitable solicitation is generally protected in a residential area. The government cannot require permits for noncommercial solicitation.

2) Nonpublic Forum

Nonpublic forums include places like government offices, military bases, and schools during regular hours. The government has more leeway to regulate speech in these areas.

Regulations must be viewpoint-neutral but do not need to be content-neutral. For example, the government can prohibit all political speech in a certain area, but it cannot allow only one side of an issue to be expressed.

The restrictions must be reasonable and related to a legitimate governmental interest. The Court upheld a city's decision to ban political advertising on buses while allowing commercial advertising, as the ban was reasonably related to the city's interest in avoiding controversy and distractions for passengers.

정부의 표현 규제 권한은 표현이 이루어지는 장소(포럼)에 크게 좌우되며, 그에 따라 적용되는 심사기준이 달라진다. 표현이 공공 장소 또는 비공공 장소에서 이루어지는지에 따라 정부의 규제 권한과 그에 대한 법적 심사기준이 달라진다.

1) 공공 장소(Public Forum)

공공 장소는 전통적으로 표현의 자유와 관련된 장소로, 거리, 공원, 인도 등이 이에 해당한다. 또한 정부가 의도적으로 공적 표현을 위해 비공공 장소였던 것을 개방한 장소인 지정(제한) 공공 장소리고 하는데, 지정 공공 장소도 공공 장소와 동일한 심사기준이 적용된다. 지정 공공 장소의 예로는 특정 회의실이나 강당이 해당될 수 있다.

정부는 보호된 표현의 시간, 장소, 방식을 규제할 수 있지만, 다음과 같은 조건을 충족해야 한다.

a) 규제는 표현의 내용이나 표현된 관점에 근거하지 않는 내용 중립적이어야 한다. 즉, 표현의 메시지와 상관없이 규제가 적용되어야 한다.

b) 규제는 중요한 정부 이익을 달성하기 위해 좁게 제한하는 방식이어야 한다.

c) 규제는 메시지를 전달할 수 있는 충분한 대체 수단을 남겨두어야 한다. 사람들은 다른 방식이나 장소에서라도 메시지를 전달할 수 있는 기회를 가져야 한다.

연방대법원은 공원에서 콘서트가 열릴 때 도시가 제공한 음향 장비와 기술자를 사용하는 것을 요구한 규제를 합헌이라고 결정했다. 이는 내용 중립적이고, 소음을 통제하려는 도시의 이익에 적절하게 맞춰진 것으로 판단되었다.

연방대법원은 연방대법원 주변의 인도에서 전단 배포를 금지하는 규제를 위헌이라 결정했다. 이 인도는 공공 장소로 간주되며, 표현의 자유를 제한하기 위해서는 더욱 중대한 이익이 필요하다고 판단했다.

특정 주거 지역에서 특정한 목적을 가지고 피켓 시위를 할 권리는 없다. 이러한 유형의 표현은 개인 가정의 사생활과 평온을 보호하기 위해 제한될 수 있다. 자선 모금 활동은 일반적으로 주거 지역에서 보호받는다. 정부는 비상업적 모금 활동에 대해 허가를 요구할 수 없다.

### 2) 비공공 장소(Nonpublic Forum)

비공공 장소는 정부 사무실, 군사 기지, 정규 수업 시간 동안의 학교와 같은 장소를 포함한다. 이러한 장소에서 정부는 표현을 규제할 수 있는 재량권이 더 크다.

규제는 관점 중립적이어야 하지만 반드시 내용 중립적일 필요는 없다. 예를 들어, 정부는 특정 지역에서 모든 정치적 표현을 금지할 수 있지만, 특정 이슈의 한쪽 입장만 표현할 수 있게 해서는 안 된다.

규제는 합리적이어야 하며 정당한 정부 이익과 관련되어야 한다. 연방대법원은 시 정부가 버스에서 상업 광고는 허용하면서 정치 광고를 금지한 결정을 합헌으로 결정하였는데, 승객을 위해 관련 논란을 피하려는 도시의 이익에 합리적으로 관련되어 있다고 하였다.

## B 결사의 자유 (Freedom of Association)

### 1. 표현적 결사(Expressive Association)

Expressive association is a First Amendment right that protects the freedom to associate with others for the purpose of engaging in activities or expressing ideas that are protected by the Constitution. This right is crucial for groups and organizations that wish to advocate for particular viewpoints, participate in public debate, or engage in collective action. The U.S. Supreme Court has recognized that the ability to join together with others to express shared beliefs is fundamental to the functioning of a free society.

Any government action that significantly interferes with the right of expressive association must meet strict scrutiny. This means the government must demonstrate that the regulation serves a compelling governmental interest and is narrowly tailored to achieve that interest.

The United States Jaycees, a private organization, excluded women from full membership. The state of Minnesota challenged this exclusion under its anti-discrimination laws. The Supreme Court ruled that the state's interest in eliminating gender discrimination outweighed the Jaycees' right to expressive association. The Court found that the inclusion of women would not significantly affect the group's ability to express its views or engage in its expressive activities.[59)]

The Boy Scouts of America revoked the membership of James Dale, an openly gay scout leader, arguing that his presence conflicted with the organization's values and message. The Supreme Court ruled in favor of the Boy Scouts, holding that forcing the organization to include Dale would violate its right

59) Roberts v. United States Jaycees, 468 U.S. 609 (1984)

to expressive association. The Court concluded that Dale's presence would interfere with the Boy Scouts' ability to advocate its message, which included opposition to homosexual conduct. This case affirmed that groups have a right to exclude individuals from membership if their inclusion would impair the group's ability to express its message. It underscored the protection given to expressive association when the inclusion of an individual would significantly alter the group's expression.[60)]

표현적 결사는 수정헌법 제1조에 의해 보호되는 권리로, 헌법에 의해 보호되는 활동에 참여하거나 아이디어를 표현하기 위해 다른 사람들과 결합할 자유를 의미한다. 이 권리는 특정 관점을 옹호하고, 공적 논쟁에 참여하며, 집단적인 행동을 하기 원하는 그룹과 조직에 매우 중요한 것이다. 연방대법원은 공유된 신념을 표현하기 위해 다른 사람들과 결합할 수 있는 능력이 자유 사회의 기능에 필수적이라고 인정해 왔다.

정부의 조치가 표현적 결사권을 중대하게 침해하는 경우, 엄격 심사를 받아야 한다. 즉, 정부는 그 규제가 중대한 국가적 이익을 추구하며, 그 이익을 달성하기 위해서 좁게 제한된 수단임을 증명해야 한다.

United States Jaycees라는 사설 단체가 여성의 정회원 자격을 배제하였다. 미네소타 주는 이 배제가 주의 반차별 법에 위배된다고 주장하였다. 연방대법원은 주의 성차별 제거 이익이 Jaycees의 표현적 결사권보다 우위에 있다고 판결하였다. 연방대법원은 여성의 포함이 해당 단체가 의견을 표현하거나 표현적 활동에 참여하는 능력에 중요한 영향을 미치지 않을 것이라고 판단하였다.

Boy Scouts of America는 공개적으로 동성애자임을 밝힌 지도자 James Dale의 회원 자격을 박탈하였다. 이 단체는 그의 존재가 조직의 가치관과 메시지에 충돌한다고 주장하였다. 연방대법원은 Boy Scouts의 표현적 결사권을 지지하며

60) Boy Scouts of America v. Dale, 530 U.S. 640 (2000)

Dale을 포함시키는 것이 그 조직의 권리를 침해한다고 판결하였다. 법원은 Dale의 존재가 Boy Scouts가 그들의 메시지, 특히 동성애 반대 메시지를 옹호하는 능력을 방해할 것이라고 결론지었다. 이 판결은 만약 특정 개인의 포함이 단체의 메시지 표현에 중대한 변화를 가져올 경우, 단체가 그 개인을 배제할 권리가 있음을 확인하였다. 이는 표현적 결사에 대해, 특정 개인의 포함이 단체의 표현 능력을 크게 변경할 경우, 보호가 주어짐을 강조한 판례이다.

## 2. 공직 고용(Public Employment)

Individuals generally cannot be denied public employment based solely on their membership in a political organization.

However, A person may only be punished or deprived of public employment based on their political association if they (1) are an active member of a subversive organization; (2) have knowledge of the organization's illegal activities; and (3) have a specific intent to further those illegal objectives.[61]

Loyalty Oaths: Public employees can be required to take loyalty oaths to support the Constitution and oppose the violent or illegal overthrow of the government. However, such oaths must be clearly defined and not overly broad or vague.

개인은 정치 조직에 대한 소속만을 이유로 공직에서 배제될 수 없다.

그러나, 개인이 공직에서 처벌받거나 박탈될 수 있는 경우는 다음과 같다. (1) 파괴적 조직의 적극적인 구성원일 경우, (2) 그 조직의 불법 활동에 대해 알고 있을 경우 및 (3) 그 불법 목표를 달성하려는 특정한 의도를 가지고 있을 경우이다.

61) Scales v. United States, 367 U.S. 203 (1961)

충성 서약(Loyalty Oaths): 공직자들은 헌법을 지지하고 정부의 폭력적이거나 불법적인 전복에 반대하는 충성 서약을 요구 받을 수 있다. 그러나, 이러한 서약은 명확하게 정의되어야 하며, 지나치게 광범위하거나 모호해서는 안 된다.

### 3. 변호사 자격(Bar Membership)

While the state can inquire into a candidate's character for bar admission, admission cannot be denied based on political association unless the candidate knowingly belongs to a subversive organization with intent to further its illegal aims.

However, a candidate may be denied bar membership if they refuse to answer questions about their political affiliations in a way that obstructs the investigation of their qualifications.

주 정부는 변호사 자격 심사 과정에서 후보자의 성격에 대해 조사할 수 있지만, 후보자가 정치 조직에 소속되었다는 이유만으로 자격 취득이 거부될 수는 없다. 단, 후보자가 불법적인 목적을 달성하려는 의도를 가지고 파괴적 조직에 의도적으로 소속되어 있는 경우는 예외이다.

그러나, 후보자가 자격 심사를 위한 조사 과정에서 자신의 정치적 소속에 관한 질문에 답변을 거부하여 그들의 자격 심사에 장애를 초래한 경우, 변호사 자격이 거부될 수 있다.

## C 언론의 자유(Freedom of the Press)

The First Amendment explicitly protects freedom of the press, but this does not grant the media greater rights than those of the general public. However, due to the critical role that the media plays in a democracy, specific considerations have developed concerning how and when the government can regulate media activities. Courts must balance the need to protect press freedom with the government's interests in public order, national security, and protecting individual rights.

The media has the right to publish information about matters of public concern, and the public has a right to receive that information. Any regulation that restricts this right is subject to strict scrutiny.

1) Illegally Obtained Information

The First Amendment protects the media from liability for publishing information that was illegally obtained by a third party, as long as the information is of public concern and the publisher was not involved in the illegal acquisition.

The Court ruled that a radio station could not be held liable for broadcasting an illegally recorded phone conversation, as the station played no part in the illegal recording and the content was of public concern.

2) Gag Orders

A gag order is a judicial order that prohibits the press from publishing certain information, often to protect the fairness of a trial. Gag orders are considered a form of prior restraint, which is viewed with extreme skepticism under the First Amendment. Such orders are rarely upheld because they must be the least restrictive means available to protect the defendant's right to a fair trial.

The Supreme Court struck down a gag order, finding that alternatives such as change of venue or careful voir dire would be less restrictive.

3) Attending Trials

Both the public and the press generally have the right to attend criminal trials. However, this right is not absolute and can be overridden if the trial judge identifies an overriding interest, such as ensuring a fair trial or protecting witnesses, that cannot be addressed by less restrictive means.

4) Regulation of Broadcast Media

Because the broadcast spectrum is limited, the government has greater authority to regulate broadcast media than print or other forms of media. Regulations often aim to protect children from indecent content and ensure that broadcasters serve the public interest.

The Supreme Court upheld the FCC's authority to regulate indecent content on the airwaves, particularly during times when children are likely to be in the audience.

수정헌법 제1조는 언론의 자유를 명시적으로 보호하고 있는데, 이는 언론이 일반 대중보다 더 큰 권리를 갖는다는 것을 의미하지 않는다. 그러나 언론이 민주주의에서 수행하는 중요한 역할 때문에, 정부가 언론 활동을 규제할 수 있는 방법과 시기에 대한 특정 고려사항이 발전해 왔다. 법원은 언론의 자유를 보호해야 할 필요성과 공공 질서, 국가 안보, 개인 권리 보호에 대한 정부의 이익을 균형 있게 조정해야 한다.

언론은 공공의 관심사에 관한 정보를 출판할 권리가 있으며, 대중은 그 정보를 받을 권리가 있다. 이러한 권리를 제한하는 모든 규제는 엄격한 심사의 대상이 된다.

**1) 불법적으로 획득한 정보(Illegally Obtained Information)**

수정헌법 제1조는 언론이 제3자가 불법적으로 획득한 정보를 출판하는 것에 대해 책임을 지지 않도록 보호하는 데, 이는 해당 정보가 공공의 관심사에 해당하고 출판자가 불법 획득에 관여하지 않은 경우에 한한다.

법원은 라디오 방송국이 불법적으로 녹음된 전화 대화를 방송한 것에 대해 책임을 질 수 없다고 판결했는데, 이는 방송국이 불법 녹음에 관여하지 않았고 그 내용이 공공의 관심사에 해당했기 때문이다.

### 2) 보도 금지 명령(Gag Orders)

보도 금지 명령은 언론이 특정 정보를 출판하는 것을 금지하는 사법 명령으로, 종종 재판의 공정성을 보호하기 위해 사용된다. 보도 금지 명령은 사전 검열의 한 형태로 간주되며, 수정헌법 제1조하에서 매우 회의적인 시각으로 평가된다. 이러한 명령은 피고인의 공정한 재판을 받을 권리를 보호하기 위해 사용할 수 있는 가장 제한적인 수단이어야 하며 드물게 합헌으로 인정된다.

연방대법원은 재판 장소 변경이나 신중한 배심원 심리 등 덜 제한적인 대안이 있는 경우 보도 금지 명령을 위헌으로 결정하였다.

### 3) 재판 참석(Attending Trials)

대중과 언론은 일반적으로 형사 재판에 참석할 권리가 있다. 그러나 이 권리는 절대적이지 않으며, 판사가 공정한 재판 보장이나 증인 보호와 같은 우선적인 이익을 식별하고, 이를 덜 제한적인 수단으로 해결할 수 없는 경우에는 이 권리를 제한할 수 있다.

### 4) 방송 매체 규제(Regulation of Broadcast Media)

방송 주파수가 제한되어 있기 때문에, 정부는 방송 매체를 인쇄물이나 다른 형태의 매체보다 더 엄격하게 규제할 수 있는 권한을 가진다. 이러한 규제는 종종 아동을 외설적인 내용으로부터 보호하고, 방송사들이 공익을 위해 봉사하도록 보장하는 것을 목표로 한다.

연방대법원은 연방통신위원회(FCC)가 특히 어린이들이 시청할 가능성이 있는 시간대에 방송되는 외설적인 콘텐츠를 규제할 권한에 대하여 합헌으로 결정하였다.

# XI | 종교의 자유(FREEDOM OF RELIGION)

The First Amendment to the U.S. Constitution guarantees freedom of religion through two key clauses: the Establishment Clause and the Free Exercise Clause. These clauses protect individuals' rights to practice their religion freely and ensure that the government does not favor or establish a particular religion. These protections are applicable to both the federal government and the states via the Fourteenth Amendment.

미국 수정헌법 제1조는 두 가지 주요 조항을 통해 종교의 자유를 보장한다. 국교설립금지 조항(Establishment Clause)과 종교 행사의 자유 조항(Free Exercise Clause)이다. 이 조항들은 개인이 자유롭게 종교 행사를 할 수 있는 권리를 보호하고, 정부가 특정 종교에게 혜택을 주거나 국교를 설립하지 않도록 보장한다. 이러한 보호는 연방 정부뿐만 아니라 수정헌법 제14조를 통하여 주 정부에도 적용된다.

## A 국교설립금지(Establishment of Religion)

The Establishment Clause of the First Amendment to the Constitution states that "Congress shall make no law respecting an establishment of religion." This clause is designed to prevent the government from establishing an official religion, endorsing or favoring one religion over others, or becoming excessively involved in religious activities. The Supreme Court has developed several tests and doctrines to interpret and apply the Establishment Clause in various contexts.

수정헌법 제1조의 국교설립금지 조항은 "의회는 종교를 설립하는 법을 제정해서는 안 된다"고 명시하고 있다. 이 조항은 정부가 공식적인 종교를 설립하거나, 특정 종교를 다른 종교들보다 지지하거나, 종교 활동에 과도하게 관여하는 것을 방지하기 위한 것이다. 연방대법원은 다양한 맥락에서 정교 분리 조항을 해석하고 적용하기 위해 여러 가지 테스트와 원칙들을 발전시켜 왔다.

## 1. 심사 기준(Standard of Review)

When courts review cases involving alleged violations of the Establishment Clause, they apply various standards and tests to determine whether a government action is constitutional. The standard of review may vary depending on the specific context of the case. Below are the primary tests and standards of review that the U.S. Supreme Court has used in Establishment Clause cases.

1) Separation of Church and State

The Establishment Clause is often understood to require a clear separation between government and religion. This means that the government cannot support, endorse, or become entangled with religious activities or institutions.

2) The Lemon Test

The Lemon test is one of the most well-known and frequently applied standards for evaluating Establishment Clause cases. It was established in Lemon v. Kurtzman (1971).[62]

Under the Lemon test, a government action violates the Establishment Clause if it fails any one of the following three prongs:

62) Lemon v. Kurtzman, 403 U.S. 602 (1971)

a) Secular Purpose: The action must have a legitimate secular purpose.

b) Primary Effect: The primary effect of the action must neither advance nor inhibit religion.

c) Excessive Entanglement: The action must not result in excessive government entanglement with religion.

The Lemon test has been used in a wide range of cases, including those involving government funding of religious institutions, religious symbols on public property, and prayer in public schools.

The Court struck down state programs that provided funding for religious schools, establishing the Lemon test as the standard for evaluating Establishment Clause cases.

3) The Endorsement Test

The Endorsement Test was developed from Justice Sandra Day O'Connor's concurring opinion in Lynch v. Donnelly (1984).[63] It is often used to assess whether a government action endorses or disapproves of religion.

The test asks whether a "reasonable observer" would view the government action as endorsing or disapproving of religion. The government violates the Establishment Clause if its action makes it appear that the government is endorsing a particular religion or religion in general, thereby making non-adherents feel like outsiders and adherents feel like insiders.

The Endorsement Test is commonly applied in cases involving religious displays on public property, such as nativity scenes, menorahs, or Ten Commandments monuments.

63) Lynch v. Donnelly, 465 U.S. 668 (1984)

4) The Coercion Test

The Coercion Test was articulated by the Supreme Court in Lee v. Weisman (1992),[64] particularly in cases involving school prayer or other situations where individuals might feel coerced into participating in religious activities.

The test asks whether the government action coerces individuals to participate in religion or its exercise. If the government action pressures or forces someone to participate in a religious activity, it is likely to be unconstitutional under the Coercion Test.

This test has been particularly influential in cases involving school-sponsored prayer, such as prayers at graduation ceremonies or during school events.

5) Historical Practices and Understandings

In some cases, the Court has looked to historical practices and understandings to determine whether a government action violates the Establishment Clause. This approach was notably used in Marsh v. Chambers (1983),[65] where the Court upheld the practice of legislative prayer based on the long history of such practices in American government.

The Court considers whether the practice in question has a long-standing tradition that is consistent with the historical understanding of the Establishment Clause.

This approach is used in cases where the government action in question is deeply rooted in American history and tradition, such as legislative prayers or other long-standing religious practices associated with government functions.

---

64) Lee v. Weisman, 505 U.S. 577 (1992)

65) Marsh v. Chambers, 463 U.S. 783 (1983)

법원은 국교설립금지 조항 위반이 주장된 사건을 심사할 때, 다양한 기준과 테스트를 적용하여 정부의 행위가 헌법에 부합하는지 판단한다. 심사 기준은 사건의 특정 맥락에 따라 달라질 수 있다. 아래는 연방대법원이 국교설립금지 조항 사건에서 사용한 주요 테스트와 심사 기준들이다.

1) 교회와 주의 분리(Separation of Church and State)

국교설립금지 조항은 일반적으로 정부와 종교 간의 명확한 분리를 요구하는 것으로 이해된다. 이는 정부가 종교 활동이나 기관을 지원하거나, 종교를 지지하거나, 종교와 얽히는 것을 금지한다는 의미이다.

2) 레몬 테스트(The Lemon Test)

레몬 테스트는 국교설립금지 사건을 평가하기 위해 가장 널리 알려지고 자주 적용되는 기준 중 하나로, Lemon v. Kurtzman (1971) 사건에서 확립되었다.

레몬 테스트에 따르면, 정부의 행위는 다음 세 가지 기준 중 하나라도 충족하지 못할 경우 국교설립금지 조항을 위반하게 된다.

a) 세속적 목적(Secular Purpose): 정부의 행위는 정당한 세속적 목적을 가져야 한다.

b) 주요 효과(Primary Effect): 정부의 행위는 종교를 지원하거나 억제하는 주요 효과를 가져서는 안 된다.

c) 과도한 개입(Excessive Entanglement): 정부의 행위는 종교에 대한 정부의 과도한 개입을 초래해서는 안 된다. 즉, 정부의 과도한 개입이 있어서는 안된다.

레몬 테스트는 종교 기관에 대한 정부 자금 지원, 공공 장소에서의 종교 상징물, 공립학교에서의 기도 등 다양한 사건에서 사용되어 왔다.

예를 들어, 연방대법원은 종교 학교에 자금을 지원하는 주의 프로그램을 위헌으로 결정하면서, 레몬 테스트를 정교 분리 조항 사건을 평가하는 기준으로 확립하였다.

### 3) 지지 테스트(The Endorsement Test)

지지 테스트는 Lynch v. Donnelly (1984) 사건에서 Sandra Day O'Connor 대법관의 동의 의견에서 발전한 기준으로, 정부의 행위가 종교를 지지하거나 반대하는지를 평가하는 데 사용된다.

이 테스트는 합리적인 관찰자가 정부의 행위를 종교를 지지하거나 반대하는 것으로 볼 수 있는지 묻는다. 정부의 행위가 특정 종교나 일반적으로 종교를 지지하는 것으로 보이게 만들어 비종교인이 외부인으로 느끼고, 종교인이 내부인으로 느끼게 할 경우, 이는 국교설립금지 조항을 위반하는 것이라고 한다.

지지 테스트는 공공 장소에서의 종교적 전시물(예: 예수 탄생 장면, 메노라, 십계명 기념물)과 관련된 사건에서 자주 적용된다.

### 4) 강제성 테스트(The Coercion Test)

강제성 테스트는 Lee v. Weisman (1992) 사건에서 연방대법원이 제시한 기준으로, 특히 학교 기도나 개인이 종교 활동에 참여하도록 압박을 느낄 수 있는 상황에서 사용된다.

이 테스트는 정부의 행위가 개인에게 종교나 종교 활동에 참여하도록 강요하는지를 묻는다. 정부의 행위가 누군가에게 종교 활동에 참여하도록 압박하거나 강요하는 경우, 이는 강제성 테스트에 따라 위헌일 가능성이 높다.

이 테스트는 졸업식 기도나 학교 행사 중 기도와 같은 학교 후원 기도와 관련된 사건에서 특히 중요한 역할을 한다.

### 5) 역사적 관행과 이해(Historical Practices and Understandings)

일부 사건에서, 연방대법원은 정부의 행위가 국교설립금지 조항을 위반하는지 판단하기 위해 역사적 관행과 이해를 살펴보았다. 이 접근법은 Marsh v. Chambers (1983) 사건에서 특히 두드러졌으며, 이 사건에서 연방대법원은 미국 정부 내에서 오랜 전통으로 자리 잡은 입법부의 기도 관행을 합헌이라 결정하였다.

연방대법원은 문제가 된 관행이 국교설립금지 조항에 부합하는 역사적 이해와 일치하는 오랜 전통을 가지고 있는지 고려한다.

이 접근법은 문제의 정부 행위가 입법부의 기도나 정부 기능과 관련된 오랜 종교적 관행과 같이 미국의 역사와 전통에 깊이 뿌리를 둔 경우에 사용된다.

## 2. 공립학교에서의 종교적 활동(Religious Activities in Public Schools)

The Supreme Court has consistently held that such activities violate the Establishment Clause when they promote or endorse religion in public schools.

Invalidated Practices in Public Schools:

1) Prayer and Bible Reading

   The Supreme Court ruled that mandatory prayer in public schools violates the Establishment Clause because it constitutes government endorsement of religion.

2) Prohibiting the Teaching of Darwinism or Mandating Instruction in Creation Science

   The Court struck down a Louisiana law that required teaching "creation science" alongside evolution, ruling that the law was intended to promote a particular religious belief. The Court invalidated an Arkansas law that prohibited the teaching of human evolution, finding that the law was based on religious beliefs and violated the Establishment Clause.

3) Posting the Ten Commandments on Public-School Classroom Walls

   A state law requiring the posting of the Ten Commandments in public school classrooms. The Court held that this practice violated the Establishment Clause because it had a religious purpose and promoted a specific religious code.

4) Designated Period of Silence for Meditation or Voluntary Prayer

A state law requiring a moment of silence in public schools, which was intended for "meditation or voluntary prayer." The Court struck down the law, finding that it lacked a secular purpose and was intended to promote religion, thus violating the Establishment Clause.

5) Nondenominational Prayer Led by a Cleric at Graduation Ceremonies

School-sponsored prayer led by a religious official at a public school graduation ceremony. The Supreme Court ruled that this practice violated the Establishment Clause because it coerced students to participate in a religious exercise.

종교 활동이 공립학교에서 종교를 장려하거나 지지하는 경우, 연방대법원은 이러한 활동이 국교설립금지 조항을 위반한다고 일관되게 판결했다.

공립학교에서 무효화된 관행(Invalidated Practices in Public Schools)

1) 기도 및 성경 읽기(Prayer and Bible Reading)

연방대법원은 공립학교에서 의무적인 기도가 국교설립금지 조항을 위반한다고 판결했으며, 이는 정부가 종교를 지지하는 것으로 간주되기 때문이다.

2) 다윈주의 교육 금지 또는 창조 과학 교육 의무화 (Prohibiting the Teaching of Darwinism or Mandating Instruction in Creation Science)

연방대법원은 진화론과 함께 "창조 과학"을 교육하도록 요구하는 루이지애나 주법을 위헌이라고 결정하였으며, 이 법이 특정 종교적 신념을 장려하려는 의도로 제정되었다고 판결했다. 또한, 인간 진화론 교육을 금지한 아칸소 주법도 종교적 신념에 기반을 두고 있으며 국교설립금지 조항을 위반한다고 판결했다.

3) 공립학교 교실 벽 십계명 게시
(Posting the Ten Commandments on Public-School Classroom Walls)

연방대법원은 공립학교 교실에 십계명을 게시하도록 요구하는 관행이 종교적 목적을 가지고 특정 종교 규범을 장려하는 것으로 간주되어 국교설립금지 조항을 위반한다고 판결했다.

4) 명상 또는 자발적 기도를 위해 지정된 침묵의 시간
(Designated Period of Silence for Meditation or Voluntary Prayer)

연방대법원은 공립학교에서 "명상 또는 자발적 기도"를 위한 침묵의 순간을 요구하는 주법이 세속적인 목적이 없으며 종교를 장려하려는 의도가 있다고 판단하여 국교설립금지 조항을 위반한다고 판결했다.

5) 졸업식에서 성직자가 주도하는 비종파적 기도
(Nondenominational Prayer Led by a Cleric at Graduation Ceremonies)

연방대법원은 공립학교 졸업식에서 종교인이 주도하는 학교 후원의 기도 관행이 학생들을 종교적 활동에 참여하도록 강요하기 때문에 국교설립금지 조항을 위반한다고 판결했다.

## 3. 종교적 전시물(Religious Displays)

The constitutionality of religious displays on public property, including the Ten Commandments and holiday displays, is determined by the purpose and context of the display. Displays that have a predominantly religious purpose or appear to endorse religion are likely to be struck down as violating the Establishment Clause.

However, if the display serves a broader secular or historical purpose, or if it is part of a larger context that includes secular elements, it may be upheld. Courts carefully consider how a reasonable observer would perceive the display in its entirety, making these cases highly fact-specific.

공공 재산에 설치된 종교적 전시물의 합헌성, 특히 십계명과 명절 장식과 같은 전시물의 경우, 그 목적과 맥락에 따라 위헌 여부가 판단된다. 전시물이 주로 종교적 목적을 가지거나 종교를 지지하는 것으로 보일 경우, 이는 정교 분리 조항을 위반하는 것으로 간주되어 위헌이 될 가능성이 크다.

그러나 전시물이 더 넓은 세속적 또는 역사적 목적을 지니거나, 세속적 요소를 포함한 더 큰 맥락의 일부로서 존재할 경우, 합헌으로 인정될 수 있다. 법원은 전시물을 전체적 맥락에서 합리적인 관찰자가 이를 어떻게 인식할지를 신중하게 고려하며, 이러한 사례들은 매우 사실에 기반하여 판단된다.

## 4. 재정적 지원(Financial Aid)

Government aid to religious institutions is scrutinized under the Lemon Test:

1) Tax Exemptions

Property-tax exemptions for religious institutions are valid if they are similar to exemptions for other charitable organizations. However, exemptions that apply only to religious activities violate the Establishment Clause.

2) Indirect Aid to Parochial Schools

Government aid that benefits a broad class of people, not defined by religion, is generally valid even if it incidentally benefits religion. For example, programs that provide textbooks, transportation, or standardized tests to students, including those in parochial schools, have been upheld as having a secular purpose and minimal risk of entanglement with religion.

3) Direct Aid to Colleges and Hospitals

Aid to religiously affiliated colleges and hospitals is permissible if the government requires the aid to be used only for nonreligious purposes.

정부의 종교 기관에 대한 재정 지원은 레몬 테스트에 따라 심사된다.

1) 세금 면제(Tax Exemptions)

종교 기관에 대한 재산세 면제는 다른 자선 단체에 대한 면제와 유사하다면 유효하다. 그러나 종교 활동에만 적용되는 면제는 국교설립금지 조항을 위반하게 된다.

2) 종교 학교에 대한 간접 지원(Indirect Aid to Parochial Schools)

종교에 의해 정의되지 않는 광범위한 계층의 사람들에게 혜택을 주는 정부 지원은 일반적으로 유효하며, 종교에 부수적으로 혜택을 주는 경우에도 마찬가지다. 예를 들어, 교과서, 교통수단, 표준화 시험을 제공하는 프로그램은 세속적 목적을 가지고 있으며 종교에 대한 개입 위험이 최소화되었기 때문에 유효한 것으로 판단되었다.

3) 대학 및 병원에 대한 직접 지원(Direct Aid to Colleges and Hospitals)

종교적 소속 대학 및 병원에 대한 지원은 정부가 해당 지원금을 비종교적 목적으로만 사용할 것을 요구하는 경우 허용된다.

## B 종교 행사의 자유(Free Exercise)

The Free Exercise Clause of the First Amendment states that "Congress shall make no law... prohibiting the free exercise [of religion]." This clause guarantees individuals the right to practice their religion freely, without undue interference from the government. However, the right to free exercise of religion is not absolute, and the government may impose restrictions under certain circumstances. The interpretation and application of the Free Exercise Clause have evolved over time through key Supreme Court decisions.

수정헌법 제1조의 종교 행사의 자유 조항은 "의회는 종교 행사의 자유를 금지하는 어떠한 법률도 제정할 수 없다"고 명시하고 있다. 이 조항은 개인이 정부의 과도한 간섭 없이 자유롭게 자신의 종교를 행사할 권리를 보장한다. 그러나 종교 행사의 자유에 대한 권리는 절대적인 것이 아니며, 정부는 특정한 상황에서 제한을 가할 수 있다. 종교 행사의 자유 조항의 해석과 적용은 연방대법원의 주요 판결을 통해 시간이 지남에 따라 발전해왔다.

## 1. 종교적 신념(Religious Belief)

Religious beliefs are absolutely protected under the Free Exercise Clause. The government cannot regulate or restrict an individual's religious beliefs, regardless of whether those beliefs are popular, traditional, or aligned with mainstream views. This protection ensures that individuals are free to hold any belief they choose, including atheism or agnosticism.

The government cannot (1) deny benefits or impose burdens based on religious beliefs and (2) require individuals to affirm or renounce a religious belief.

종교적 신념은 종교 행사의 자유 조항에 의하여 절대적으로 보호된다. 정부는 개인의 종교적 신념을 규제하거나 제한할 수 없으며, 이러한 신념이 대중적이거나 전통적이거나 주류 관점과 일치하는지 여부와 상관없이 보호된다. 이 보호 조치는 개인이 무신론이나 불가지론을 포함하여 자신이 선택한 어떤 신념이든 자유롭게 가질 수 있도록 보장하는 것이다.

정부는 (1) 종교적 신념을 근거로 혜택을 부인하거나 부담을 부과할 수 없으며, (2) 개인이 특정 종교적 신념을 확언하거나 부인하도록 요구할 수 없다.

## 2. 종교적 행위(Religious Conduct)

While religious beliefs are absolutely protected, religious conduct is not. The protection afforded to religious conduct depends on whether the government is intentionally targeting religious practice or enforcing a neutral law of general applicability.

1) Targeting Religious Conduct (Strict Scrutiny)

When a law specifically targets religious conduct because it is religious, strict scrutiny applies. The law is only valid if it is necessary to achieve a compelling governmental interest and is narrowly tailored to achieve that interest.

The Supreme Court struck down a city ordinance that banned ritual animal sacrifice, as it targeted the Santeria religion.

Other examples include cases where compulsory school attendance laws for Amish children and the denial of unemployment benefits for refusal to work on the Sabbath were invalidated because they targeted religious practices.

2) Neutral, Generally Applicable Laws (Rational Basis Test)

Laws that are neutral and generally applicable, even if they incidentally burden religious practices, are subject only to rational basis review. Such laws are upheld as long as they are rationally related to a legitimate governmental interest.

The Supreme Court upheld a law criminalizing the use of peyote, even though it impacted Native American religious rituals, because the law was neutral and generally applicable.

A parent's right to pray over a child who has contracted meningitis, rather than seeking medical assistance, may be limited by state child-neglect and manslaughter laws. Parents do not have the right to endanger the lives of their children on the grounds of freedom of religion.

종교적 신념이 절대적으로 보호되는 반면, 종교적 행위는 그렇지 않다. 종교적 행위에 대한 보호는 정부가 의도적으로 종교적 관행을 목표로 하는지, 아니면 일반적으로 적용되는 중립적인 법을 집행하는지에 따라 달라진다.

1) 종교적 행위를 목표로 하는 경우(Targeting Religious Conduct)

법이 특정 종교적 행위를 종교적이라는 이유로 목표로 할 때, 엄격 심사 기준이 적용된다. 이 법은 오직 중대한 정부 이익을 달성하기 위해 필요하며, 그 이익을 달성하기 위해 좁게 설계된 경우에만 유효하다.

예를 들어, 연방대법원은 산테리아(Santeria) 종교를 목표로 한 동물 희생을 금지하는 시 조례를 위헌으로 결정했다.

또한, 아미쉬(Amish) 어린이들을 위한 의무 교육 출석법이나 안식일에 일하기를 거부한 이유로 실업 수당을 거부한 경우 등에서, 이러한 법들이 종교적 관행을 목표로 했다는 이유로 위헌으로 결정했다.

2) 중립적이고 일반적으로 적용되는 법(Neutral, Generally Applicable Laws)

종교적 관행에 부수적으로 부담을 주더라도 중립적이고 일반적으로 적용되는 법은 합리적 기준 검사를 거친다. 이러한 법은 정당한 정부 이익과 관련이 있는 한 합헌이다.

연방대법원은 네이티브 아메리칸 종교 의식에 영향을 미치더라도 중립적이고 일반적으로 적용되는 법으로서 페요테(peyote) 사용을 범죄화한 법을 합헌이라고 결정했다.

뇌막염에 걸린 자녀를 위해 기도하는 대신 의학적 도움을 받지 않는 부모의 권리는 주의 아동 방치 및 과실치사 법에 의해 제한될 수 있다. 부모는 종교의 자유를 이유로 자녀의 생명을 위험에 빠뜨릴 권리를 가지지 않는다.

# Constitutional Law
## 미국 헌법


초판인쇄 2024년 9월 5일
초판발행 2024년 9월 11일


저 자 강병진 미국 뉴욕주 변호사



발 행 인 이수형
발 행 처 (주)법률신문사
출판등록 1980. 4. 22 제6-46호
주 소 서울특별시 서초구 서초대로 396, 1402호
대표전화 02-3472-0602~5
팩 스 02-3472-0606
홈페이지 www.lawtimes.co.kr

ISBN 979-11-5919-035-3(93360)
정 가 27,000원